犹太智慧典藏书系

修补世界

犹太人创造力的奥秘

贺雄飞 著

世界知识出版社

“犹太智慧典藏书系”总序

人类一思索，上帝就发笑；人类不思索，上帝更发笑。

——作者手记

按照普遍的经验，人们对畅销书普遍推崇。某本书的销量一旦超过 100 万册，似乎就肯定了这本书的权威性和价值。然而，纵观人类的思想史和文学史，真理和经典常常不是按统计数字评定的。相反，众目睽睽之下，真理常常被贬抑和扭曲。从而使大众成为非常盲目的消费者，并降低了人类的创造力和追求完美的动力。犹太文学大师卡夫卡说：“假使一本书不能当头棒喝地敲醒我们，那读它有什么用？一本书该像一把碎冰斧，将人类冰封的心灵捣碎。”而犹太哲学家亚伯拉罕－海舍尔也说：“世界上还有什么东西可以跨越时空和距离，将人类联结在一起呢？只有文字是永远不会消失的。”《圣经》曾多次被人用火烧掉，但世界上的基督徒却越来越多。

现代文明已将人类的物质水平提高到前所未有的高度，但人类的幸福度增加了吗？我看未必，而且人类整体的道德水平和思想水平每况愈下。群体愈大，发展的速度愈快，生命的质量愈小。当罗马人造不出漂亮的建筑时，就把它建得很大。这种陋习延袭至今，每个人的时间表上都排满了活动，简直是与马赛跑，但生活的质量和意义却没有提升。

有一名记者采访一位著名诗人："你是什么时候决定做一名诗人的呢？"诗人指出这个问题问得不对，他说："每个人天生就是诗人，我只不过重复别人做过的事罢了。真正应该问的问题是，为什么其他人会停止了呢？"因此说，多数人年龄越长，思想越僵化。当他们年轻时，对未来人生充满美好的憧憬；然而，到了中年以后，竟然对理想主义者嗤之以鼻，而对一些污秽、龌龊之事却习以为常。为什么会出现这种情况呢？以色列先知耶利米在《圣经－耶利米书》中说："你若与步行的人同跑，尚且觉累，怎能与马赛跑呢？"在当今这个野蛮的物质主义时代，人们忙于应酬和娱乐，灵魂跟不上欲望的脚步，很少有人每天散步省察生命的意义，自然会变得大腹便便，却六神无主、麻木不仁。

2014 年 1 月 24 日，我在哈尔滨主持"犹太智慧商界领袖沙龙”，期间企业家们提问：“人活着的意义究竟是什么？”一位女企业家的回答是：“快乐。”我当时问她：“难道还有比快乐更快乐的事吗？”曾经，我在读一本书时发现，犹太小提琴大师梅纽因回答了这个问题：“生命的意义在于快乐，我的快乐就是分析作品，想象自己喜欢怎样去聆听；生命的意义在于将我们最迫切的需要升华成艺术，无论是生活艺术还是美食艺术。”梅纽因还说，人类还需要在快乐中不断学习，否则生命的终极意义便会离我们远去。任何人都无法预测死后会发生什么事情，永恒的生命不允许有未来。

我20年前开始研究犹太人，也开始了我的流浪生涯。大学毕业后，我分配回内蒙古自治区政府办公厅，然后下海流浪到海南儋州，历尽坎坷后又流浪到北京，在北京也先后搬了十几次家，不到一年搬一次。从2014年开始先是返回家乡鄂尔多斯，然后又流浪到包头和乌兰察布，今年则流浪在北京、乌兰察布和呼和浩特之间。我的女儿也和我一样，先是在内蒙，后来到了北京，然后又从中国到了爱尔兰，爱尔兰到了美国，美国到了法国，马上又要从法国到以色列求学。儿子也一直在颠沛流离的状态中成长，不间断地适应着各种不确定的状态和陌生的世界。

犹太哲学家维特根斯坦说：“一个哲学家的最终归

宿是火车站。”这难道就是我和孩子研究犹太智慧的宿命吗？犹太人为什么要流浪？就是要寻找一个热爱诗歌，热爱法律，渴慕智慧和真理的地方，寻找一个和谐、幸福，没有雾霾，能实现伟大梦想的地方。

流浪不仅使犹太人越来越有智慧，也使犹太人向全世界布道，同时使犹太人吸取世界文明的精髓。这就是一个流浪者的心灵独白和思想札记，藉以记录我 20 多年的研犹历程和前半生的思想收获。

感谢世界知识出版社的罗养毅副总编辑、汪琴副社长和所有责编，也感谢我弟弟贺鹏飞及字里行间书吧迅速让本书系付梓，同时为她插上翅膀飞向每一个热爱犹太智慧的读者的书架。有朋友和有智慧的人永远不会破产，与犹太人为伍就是与智慧同行。

1+1=11 或 111。是为序，与广大读者朋友共勉。

贺雄飞

2015 年 8 月 28 日于北京

目　录

第一章　群星璀璨的犹太人

第二章　诺贝尔奖中的“犹太现象”

第三章　学习是一种信仰

第四章　犹太人创造力的奥秘

第一章 群星璀璨的犹太人

世界的财富在犹太人的口袋里，犹太人的财富在自己的脑袋里。

——世界口头禅

不了解犹太人，就不了解世界。

——世界口头禅

宁可变卖所有的财产，也要把女儿嫁给学者；为了娶得学者的女儿，就是丧失一切也无所谓。

——犹太格言

假如父亲与老师两人同时坐牢而又只能保释一个人出来的话，做孩子的应先保释教师。

——犹太格言

一、声震寰宇的犹太思想大师

可以毫不夸张地说，人类社会的思想界若没有犹太人，必定将是另一番情景。

耶稣是闻名天下的犹太思想大师。耶稣虽然是基督教的创始人，但他本人却是个地地道道的犹太人。正是他在《福音书》中所垂范的令人感动的同情品格和平等思想，使他在基督教世界享有精神领袖和道德宗师的美誉，影响着人类的过去和现在。

马克思的贡献就不必说了，正是他的《资本论》和科学社会主义学说，使世人产生了对共产主义和社会主义的信仰，俄国的列宁和中国的毛泽东是他思想的追随者和学说的实践者。若是没有马克思，可能现在世界上不会出现社会主义国家。因此，人们将当今世界东西方的对立，喻为两个犹太人耶稣和马克思的对立，因为耶稣是西方世界的精神领袖，而马克思则是东方社会主义的代表。

另一个影响世界的犹太思想大师，就是弗洛伊德。弗洛伊德的一生是很有争议的,一方面他以《释梦》《性欲理论三讲》等名著被誉为世界精神分析学派创始人；另一方面则被斥为招摇过市的骗子、色情狂。但无论如何，他关于意识、潜意识、无意识的意识结构，本我、自我、超我的人格结构，以及人的本能理论都具有独到的见解，尤其是他的泛性论，使人们的思维方式焕然一新。因此，他和马克思、爱因斯坦一起被誉为影响世界历史的三位伟人。

世界上的大哲学家，有许多是犹太人，像泛神论大师斯宾诺莎、诗人哲士柏格森、现象学大师胡塞尔、社会学界的魔法大师马克斯·韦伯、符号学大师卡西尔、20世纪的历史见证人卢卡契、谜一样的哲学大师维特根斯坦、“青年造反者之父”马尔库塞、新弗洛伊德主义者弗洛姆，以及反弹琵琶的哲学大师波普尔、著名心理学家马斯洛、法国社会学家杜尔克姆等都是犹太人。

泛神论大师斯宾诺莎的命运是非常奇特的。他是犹太人，却不信奉犹太教，因此在犹太社团里不能立足；他离开了犹太社团，又因为他是犹太人，到处受到歧视。在西方哲学史上，从来没有第二个人像他这样到处碰壁、孤独寂寞的。但是他的智慧之花却在寂寞的岁月中，开得格外绚烂，给千千万万寂寞的心灵带来了光明。

诗人哲士柏格森以他文笔优美的著作荣获1931年的诺贝尔文学奖。他既有诗人的充沛想象和灵感，又有科学家的缜密思想和批判精神。他精通自然历史和希腊文学，具有科学家的头脑和诗人的灵魂。但是当二者不能并存的时候，他选择了做诗人。

胡塞尔是 20 世纪著名的现象学大师，他毕生辛勤地工作，在焦躁不安中痛苦地思索，永不满足已知的真理，为后人树立了光辉的榜样。

现代社会学就其本质来讲，是一个民族自我认识的解剖刀，而将这把解剖刀留给人们的正是马克斯·韦伯。他为人们竖立起一面自我观照的镜子，使人们看到自己的尊容。韦伯以他深邃的思想、恢宏的笔力，指明了宗教与社会发展的微妙关系，他给我们留下了对于时代疾病的诊断，激起了后代人思想上的强烈反响。他的巨著《新教伦理与资本主义精神》《世界宗教的经济伦理》等书的发表,使他被人们公认为“社会学”的“划时代人物”。

符号学大师卡西尔被西方学术界公认为 20 世纪以来最重要的哲学家之一。在西方世界影响甚广的《在世哲学家文库》将其与爱因斯坦、罗素、杜尔克姆等当代名家相提并论，专门编成一本厚达千页的《卡西尔的哲学》作为该文库的第六卷，并在扉页上将其誉为“当代哲学中最德高望重的人物之一，现今思想界具有百科全书知识的一位学者”。

卢卡契是 20 世纪最伟大的思想家之一。他生逢世界历史的剧变时期，既经历过“十月革命”胜利的喜悦，也目睹了两次世界大战所带来的灾祸。许多国家工人运动的风起云涌使他信心倍增，“布拉格之春”“匈牙利事件”也使他忧心忡忡。他讲学所到之处受到过礼遇，但也曾遭受过驱逐。他做过政府的高级官员，但也曾沦为阶下囚，几濒于死而又无恙。所以他最有资格成为20世纪的历史见证人，而他的巨著《历史与阶级意识》，开创了“西方马克思主义”派别的历史，被称为“西方马克思主义的圣经”。

20世纪60年代至70年代，“西方马克思主义”曾风靡于欧美，极大地震撼了人们的心灵。这其中最激进的代表，当属“青年造反者之父”“新左派哲学家”犹太思想家马尔库塞。马尔库塞还将马克思主义和弗洛伊德的精神分析学嫁接，成为“弗洛伊德主义的马克思主义之集大成者”“‘爱欲解放论’的奠基人”，国外许多人将他同马克思、毛泽东并论，称为“三M”。

法兰克福学派除了马尔库塞外，另一重要代表人物是犹太人弗洛姆。他的理论重点是对马克思和弗洛伊德理论的阐释、分析和比较。此外，弗洛姆对法西斯主义产生的心理分析也是十分出色的。他认为，法西斯主义的狂热分子主要由两部分人构成：一是被虐待狂，二是虐待狂。前者心甘情愿地服从他人，后者则千方百计地支配他人。这两部分人具有同样的心理动力，这就是“逃避自由”。可以说，“逃避自由”正是法西斯主义产生的心理根源。

维特根斯坦是现代西方哲学逻辑实证主义学派的主要代表。他以超乎常人的勤奋和悟性，在哲学上取得了显著的成就。他的哲学晦涩、深刻，在分析哲学方面进行了开创性工作，被称为从 19 世纪唯心主义哲学转变为 20 世纪分析哲学的一次重大“革命”，称他本人是“把哲学方法推进到决定性转折的第一人”。

反弹琵琶的哲学大师波普尔，对中国人来说，也许还不太熟悉，但在西方却被公认为是最重要的思想泰斗之一。波普尔的著作甚丰，是一个多产学者，而且涉及范围甚广，包括科学方法论、科学哲学、社会哲学、逻辑学等，他的《科学发现的逻辑》一书标志着西方科学哲学最重要的学派——批判理性主义的形成。他的另一部名著《开放社会及其敌人》曾轰动西方哲学界和政治学界。

心理学流派的创始人马斯洛也是犹太人。他的心理学形成了心理学史上的“第三思潮”，成为取代弗洛伊德的最有影响的先驱人物。尤其是他的“需求三理论”早已为广大读者所熟悉。

法国当代最著名的社会学家杜尔克姆也是犹太人，被称为西方社会学的奠基人，也是结构功能学派的开创者。

另外，和马克思曾唱过对台戏的修正主义的祖师爷爱德华·伯恩斯坦，也是犹太人。他是德国社会民主党右翼领导人，第二国际机会主义的主要代表，是第一个提出修正主义，否定社会主义，怀疑马克思“关于资本主义必然灭亡，社会主义必然胜利”学说的思想家，他被称为共产主义的“叛徒”。

二、“想入非非”的犹太科学巨擘

据统计，全世界获诺贝尔奖的科学家中有23%是犹太人，美国获诺贝尔奖的科学家中有27%是犹太人，美国每5个大学教师中有一个是犹太人，每5个大学生中也有一个犹太人，足见犹太人对科学和知识的重视。

科学家中除了爱因斯坦外，繁茂的哥廷根花园的缔造者弗兰克、两次改变了世界的伟人尼尔斯·玻尔、“核和平之父”西拉德、“原子弹之父”奥本海默、“氢弹之父”特勒、天才物理学家费曼、吞噬细胞的权威梅契尼科夫、“控制论之父”维纳、“世界语之父”柴门霍夫等都是犹太人。

犹太经济学家同样也不乏其人，大卫·李嘉图、萨缪尔森、阿瑟·伯恩斯、海尔·布隆纳、西蒙等一大批伟人都是犹太人。他们所探讨的经济学课题从商业循环到投入产出分析，从微观经济学到宏观经济学，范围甚广。

在犹太教中，勤奋好学是敬神的一部分。在当今世界的任何一种宗教中没有一种宗教像犹太教那样对学习和研究如此“强调”。《塔木德》中写道：“无论谁钻研《托拉》，均将受到种种褒奖。”正是犹太教的规定，使犹太人形成了一种几乎全民皆有文化的传统，学者被推上最崇高的地位，在犹太教的历史中，曾出现了无数个为保护学校而不惜献身的英雄。犹太民族不愧为“书”的民族！

犹太民族对科学的贡献，除了上述以外，最主要的是对医学的贡献。解剖学和病理学中“亨勒环”“亨勒疣种”“亨勒包膜”“亨勒裂沟”等都是犹太人亨勒的贡献。亨勒将毕生的心血都凝聚在经典性作品《系统解剖学手册》中，其研究面极广，从眼膜到指甲，无所不包。在解剖学中，至少有 12 种显微结构是以他的名字命名的。

皮肤病学也是犹太人最擅长的领域，以至于在德国，皮肤病学被称为“犹太皮肤”。许多皮肤病及其治疗方法都是以犹太医生的名字命名的。如“卡波希肉瘤”“乌纳瘤”“夏姆伯格病”等。在可的松发明以前，拉沙药膏是能够治疗多种皮肤病的最常用的药膏，而这种药膏的命名就是以犹太皮肤病专家拉沙命名的。

青霉素的发现是医学史上的一大里程碑，而其发现者是犹太人弗莱明、弗洛里和柴恩。1945 年，上述三人获得了诺贝尔奖。此外，链霉素也是犹太人瓦克斯曼发现的，为此，1952 年，他获得了诺贝尔奖。

阿瑟·科恩伯格，是美国著名犹太生物学家，由于发现了赖氨酸的生物学合成结构及脱氧核糖核酸而获得了 1975 年的诺贝尔奖。

另一位获诺贝尔医学奖的犹太生物学家是勒韦，他用青蛙做实验，证明了心脏跳动的频率与各种化学物质，特别是与乙酰胆碱在神经系统的释放有关。

另一位犹太科学家海因里希，在 1931 年由于发现了呼吸酶活动的性质和方式而获得了诺贝尔奖。次年，他又分离出了 VB_2。他还设计了一种用于测定细胞和其他组织呼吸的仪器，这种仪器现在仍被广泛使用。

哈伯是化学家，不是医学家。

上述犹太医学家对医学的贡献是非常重大的，这是其他任何一个民族都无法比拟的。而犹太人对科学的贡献也绝不仅是如此一点点，有机化学的创始人冯·拜尔、施温格、玻恩、李普曼、威斯塔特、卡罗、亨利、德里福斯等不计其数的著名科学家都是犹太人。他们大多获得过诺贝尔奖。

三、超凡脱俗的犹太艺术大师

犹太著名艺术家正像犹太思想家和科学家一般，同样是群星璀璨。正如1972年美国总统尼克松告诫女儿的一样："你知道，各种艺术——它们是犹太人，它们是左翼，换句话说，你离远点。"

著名的犹太画家有：毕加索、夏加尔、布洛赫、爱泼斯坦等。

犹太音乐家有：门德尔松、梅纽因、马勒、鲁宾斯坦、梅耶贝尔、勋伯格、帕尔曼等。

犹太作家有：海涅、柏格森、施尼茨勒、茨威格、卡夫卡、奈丽·萨克斯、普鲁斯特、亨利希·曼、托马斯·曼、爱伦堡、索尔·贝娄、艾·辛格、肖洛姆·阿莱汉姆、海泽、帕斯捷尔纳克、布罗茨基、约瑟夫·海勒、塞林格、马拉默德、艾伦·金斯堡、莫拉维亚、贝克特、戈迪默等，包括2002年获诺贝尔文学奖的匈牙利作家凯尔泰斯·伊姆莱也是犹太人，共有15人获得过诺贝尔文学奖。

犹太电影导演大师、表演艺术家有：爱森斯坦、斯蒂芬·斯皮尔伯格、达斯汀·霍夫曼、保罗·纽曼，以及著名的摇滚歌手鲍勃·迪伦等。

毕加索的艺术成就是举世瞩目的，尤其是他的立体主义画风，开创了整个印象派的先河。他敏锐的感受力和变幻无穷的想象力贯彻了他的一生。每一件旁人看来极其平常的东西，他都能赋予它们新的面貌和新的生命，因而他被同时代的人称为“魔术师”。法国总统称毕加索是“一座火山”，他确实是一座永远蓬勃旺盛的艺术创造的“火山”。

大多犹太音乐家个人生活浪漫奔放，他们的爱情都非常美满，这是他们无尽的创作源泉。

犹太作家大多是孤独而寂寞的,典型的代表是“怪笔孤魂”卡夫卡。卡夫卡从小畏惧父亲，性格内向，满怀忧郁，优柔寡断，闭门写作。他一生中接触过四个女人，三次订婚，但三次解除婚约。伴着他的始终是一连串的绝望、痛苦和自我折磨。但是正是在这种痛苦中，像导演大师爱森斯坦一样，孕育了他的独具特色的伟大作品《判决》《城堡》和《变形记》，它们深深地打动和感染着广大读者，仿佛一首首荒诞传奇的朦胧诗，令人回味无穷。

犹太作家斯蒂芬·茨威格是举世闻名的小说大师，他的代表作《一个女人一生中的24小时》《一个陌生女人的来信》等都是脍炙人口的世界名篇。可惜的是，这个天才最后和妻子自杀于寓所中，享年 61 岁。

犹太电影大师中，最让我们熟悉的当属史蒂文·斯皮尔伯格，他的《侏罗纪公园》风靡世界，《辛德勒的名单》一举摘取了 1994 年奥斯卡的七项大奖，令世人瞩目。

四、浪漫传奇的犹太政坛名人

世界近代史表明，每一次重大社会变革中，犹太人都是受害者，因而，犹太人渴望稳定的生活和害怕社会变革。但犹太人中同样不乏伟大的政治家和革命家，马克思就是他们的杰出代表。在国际共产主义运动史上，除了马克思，还有其他政坛名人如伯恩斯坦和机会主义的代表拉萨尔、女革命家卢森堡和奥尔加、共产国际的神秘使者鲍罗廷和马林等也是犹太人。尤其是在斯大林时期，苏共 24 名政治局委员中，有 16 人是犹太人。托洛茨基、季诺维也夫、加米涅夫、斯维尔德洛夫、卡冈诺维奇等都是犹太人。

此外，英国首相迪斯雷利也是犹太人。这位英国首相是最具浪漫色彩的，他 35 岁才结婚，最后竟向一个比他大 15 岁、又丑又老、又不聪明的富孀求婚。当时被许多人传为笑柄，但这桩婚姻却成为英国历史上的千古佳话——他们非常恩爱美满。

以唐璜自诩的轻狂天才、野心家拉萨尔的爱情生活更为传奇，年轻时他为一个伯爵夫人打了 8 年的离婚官司，并坐了6个月的大狱，而他在39岁时又为另一个情人海伦决斗而死。

现代犹太政治家中最令世人瞩目的、最浪漫的当属美国前国务卿基辛格，他被称为“超级男子汉”“美国奇缘博士”，他在各个政治时期的每一次惊天动地的壮举都伴随着他的“桃色新闻”而震惊世界。美国前国务卿奥尔布赖特也是犹太人。

五、“巧取豪夺”的犹太巨富大亨

据统计，美国的百万富翁中有20%是犹太人，获诺贝尔经济学奖的经济学家中有20%是犹太人，因而历来犹太人被公认为是最会赚钱的民族，被誉为“世界第一商人”。而由于世界大文豪莎士比亚的误导，犹太人则历来被取笑糟蹋，成为贪婪、吝啬，最善于“巧取豪夺”的投机商人的化身。

犹太人在2000多年的大流散中，确实具有商人的天然基因和传统的经商习惯。犹太商人最早形成遍布世界各地的贸易网，最早确立严格周详的交易规则，最敏于推进合理化、商业化进程，最富于社会意识和协同精神，最善于以经济手段驾驭政治权力！他们虽几经屠戮和劫难，却素以“有钱人”而崛起于世，成为当今世上极少几支最重要的经济力量之一，是资本主义社会商业发展和经济运行的精神的化身。尤其是犹太商人最遵守法规和信誉的精神，对我国时下的生意人大有裨益。

犹太商人最会赚钱的代表，当属19世纪崛起于法国、后又控制世界黄金市场和欧洲经济命脉长达 200 年的罗斯柴尔德家族。罗斯柴尔德由做古钱币生意和发战争财而发迹，此后主要投资于金融行业。罗斯柴尔德有 5 个儿子，分别控制了伦敦、巴黎、维也纳、那不勒斯、法兰克福、纽约和柏林的金融市场，他们成为欧洲金融市场呼风唤雨和左右政局的强大力量。伦敦的罗斯柴尔德家族在 1833 年不列颠帝国废除奴隶制以后，曾拿出 2 000 万英镑用以补偿奴隶主的损失；1854 年，他们还为资助英国在克里米亚同俄国的战争提供了 1 600 万英镑的贷款；1871 年，他们又拿出 1 亿英镑为法国向普鲁士支付普法战争的赔款；他们还控制了整个欧洲的铁路，所有法国给俄国的贷款，都是由该家族提供的；在美国内战期间，他们已成为联邦财政的主要财源。

闻名世界的犹太大亨，当属受命运偏爱的“红色资本家”哈默。哈默在上大学时就一边上学一边管理企业，成为年仅 22 岁的百万富翁。后又独闯原苏联，成为在资本主义世界中和社会主义原苏联做生意的第一人，受到了列宁的接见和感谢，并因而发了大财。最后，在即将退休之际，又闯入石油业，并凭借自己精明的头脑和冒险家的胆略，成为石油王国中的第八大巨头。

沙逊洋行是犹太势力在旧中国大上海的最初布局。

1941年沙逊集团在华各公司的资产总额为19.62亿元，当时尽管其已大量地抽逃了资本，但仍比另一家著名英商财团美英烟草公司在华的投资高3倍。

另一善于在旧中国上海滩“巧取豪夺”的洋大亨当属富可敌国的犹太人哈同。哈同初来中国时，身无分文，仅是一个卑微的看门人，但在短短的几十年中，却成为拥有亿万资产、与宣统皇帝有“亲戚关系”、并和封建军阀互相勾结的大亨。

此外，世界新闻业中的路透、普利策、马克斯韦尔、凯瑟琳·格雷厄姆等都是犹太人；世界广播业、金融业、电影业等更是犹太人的天下。GBS的威廉·佩利、NBC的萨尔诺夫、米高梅公司的创始人、华纳兄弟、派拉蒙公司等，所有主宰好莱坞黄金时代的巨头几乎都是犹太人。

犹太人若非自己在经济方面的天才，早就被消灭殆尽了。他们正是以赚钱为自己最佳的自救手段，故而有人甚至认为,希特勒屠杀犹太人无非是“一场经济战争”。

此外，诸如华尔街大佬贺希哈、牛仔裤的创始人李维·斯特劳斯、英国最大的百货公司马克斯斯宾赛公司的创始人、世界最大的广告公司萨奇公司的创始人、美国金融大王莱曼、安德烈·迈耶、英荷壳牌公司的塞缪儿、卷起世界金融旋风的索罗斯、著名的雪铁龙汽车公司创始人等，都是犹太人，不再一一详述。

第二章 诺贝尔奖中的『犹太现象』

如果希望人类辉煌的文明得以延续下去，就必须节约使用地球上蕴藏着的矿物。地球就这么大，蕴藏量有限，总有取尽用竭之时，更何况在许多情况下是浪费瞎用，多么可惜……节用节用，为人类未来文明所想。

——莫瓦桑

我是德国最有能力的人之一。我胜过一个伟大的军队司令，胜过一个工业巨头。我是许多工业的奠基人……你不是从丰富的东西中加以创造——你在一块一无所有的土地上从无之中创造一切，你努力使一个无依无靠、四处漂泊的民族恢复一种尊严感。我认为你是成功的。在临终之际，我发现自己失去了一切。

——哈伯对魏兹曼所说

对权威的愚忠，是真理最坏的敌人。

——爱因斯坦

一、火星来客

据有关资料统计：从 1901 ～ 2001 年共有 680 位诺贝尔奖获得者，其中犹太人（或者说犹太裔）就有 152 位，占总获奖人数的 22.35%。其中获物理学奖的有 39 人，占物理学获奖总数的 24%；化学奖获奖者 23 人，占 16.8%；生理学和医学获奖者 51 人，占 29.1%；经济学奖获得者 18 人，占 47.37%；文学奖获得者 12 人，占 13%；和平奖获得者 9 人，占 10.98%。

据统计，犹太人占世界人口总数不到 0.3%，但获诺贝尔奖的比例却占诺贝尔奖奖金总数的 22.35%。2001 年以后，又有若干名犹太人获得了诺贝尔奖，诸如：文学奖有 2002 年的凯尔泰斯 · 伊姆莱，2004 年的耶利内克，2005 年的哈罗德 · 品特；化学奖有 2004 年的两位以色列科学家阿龙 · 切哈诺沃和阿夫拉姆 · 赫什科，2006 年又有一位犹太人罗杰 · 科恩伯格获得了化学奖；医学及生理学奖有 2002 年的悉尼 · 布雷内和罗伯特 · 霍维茨；经济学奖有 2002 年的丹尼尔 · 卡尼曼和 2005 年拥有以色列、美国双重国籍的罗伯特 · 奥曼，以及2007年的赫维兹和2008年的保罗·克鲁格曼。截止到2008年，共有164位犹太人获得了诺贝尔奖（如果按1901～2001年获奖人数的比例算的话，占获奖总人数的22.35%）。这也构成了诺贝尔奖中的“犹太现象”，因为迄今为止，有39名犹太人获得了物理学奖，有26名犹太人获得了化学奖，有53名犹太人获得生理学和医学奖，有15名犹太人获得了文学奖，有9名犹太人获得了诺贝尔和平奖。可以预测，随着犹太人在全世界的公民待遇的逐步提高，他们的发明创造和为人类做出的贡献会越来越大。

还有一个有趣的现象，匈牙利的犹太人在诺贝尔奖的获奖人数中也占有极大的比例：

1943年获诺贝尔化学奖的赫维西是匈牙利犹太人；

1963年获诺贝尔物理学奖的维格纳是匈牙利犹太人；

1971年获诺贝尔物理学奖的伽玻是匈牙利犹太人；

1994年获诺贝尔经济学奖的豪尔绍尼是匈牙利犹太人。

科学奇才冯·卡门、化学家波拉尼、“核和平之父”西拉德、“计算机之父”冯·诺依曼、“美国氢弹之父”特勒、“当代罕见的数学奇才”保罗·爱多士等，全都是匈牙利犹太人。而且在上述10位科学巨匠中，有4位毕业于布达佩斯同一所中学，这所中学叫“明德中学”，是冯·卡门的父亲创建的。这一现象又构成了世界科学史上另一个谜。对于这个谜，有各种不同的回答，但德国著名犹太物理学家豪特曼斯的回答却非常有趣。

豪特曼斯是一位天才的物理学家，他首先提出了核聚变的机制，并指出恒星燃烧能量正是来源于这种核聚变；他在核裂变和原子弹制造方面的研究成果，曾领先于其他科学家。可惜的是，由于过于聪明和缺乏耐心，再加之总是游走于最前沿的各个科学领域，他最终没有获得诺贝尔奖。

豪特曼斯对自己是一个犹太人，从不感到烦恼和自卑，他常常自豪而幽默地说：“当你们的祖先还生活在森林中的时候，我们的祖先已经在制造假支票了！”

对于“诺贝尔犹太现象”中匈牙利人特别多的这一谜团，他又给出了一个令人啼笑皆非的答案。他说：这些犹太科学大师是“火星来客”，他们到地球后，怕别人发现他们的火星人口音，便冒充匈牙利人，因为匈牙利人在讲外语时口音特别重，而且他们的天才大多散居世界各地。

这样的回答肯定是一个玩笑，要想得到有说服力的答案，还得从犹太人的历史民族传统和宗教特性中入手，这是本书必须要解决的问题。下面还是以图表的形式将这些“火星来客”获诺贝尔物理学奖的详细情况给大家介绍一下，以便于思考。

1901～2001年获诺贝尔物理学奖犹太人一览表[①]

时间	获奖人	国籍	获奖原因
1907年	A. A. 迈克尔逊	美国	创造精密的光学仪器和进行光谱学度量学的研究，并精确测出光速
1908年	G. 李普曼	法国	发明应用光干涉现象的天然彩色摄影技术
1921年	A. 爱因斯坦	德国	阐明光电效应的定律，提出光量子概念等
1922年	N. 玻尔	丹麦	研究原子结构和原子辐射，提出自己的原子结构模型
1925年	J. 弗兰克	德国	发现电子撞击原子时出现的规律性
	G. 赫兹	德国	
1943年	O. 斯特恩	美国	测定质子磁矩
1944年	I. 拉比	美国	用共振方法测量原子核的磁性
1952年	F. 布洛赫	美国	核磁精密测量新方法的发展及有关的发现
1954年	M. 玻恩	英国	对量子力学的基础研究，特别是量子力学中波函数的统计解释
1958年	I. Y. 塔姆	苏联	发现并解释切伦科夫效应

续表

1959年	E. 塞格雷	美国	发现反质子
1960年	D. A. 格拉塞	美国	发现气泡室
1961年	R. 霍夫斯塔特	美国	由高能电子散射研究原子核的结构
1962年	L. D. 朗道	苏联	研究凝聚态物质的理论，特别是液态氦的研究
1963年	E. P. 维格纳	美国	原子核和基本粒子理论的研究，特别是发现和应用对称性基本原理方面的贡献
1965年	R. 费因曼	美国	对量子电动力学的研究，产生对基本粒子物理学的意义深远的结果
	J. 施温格	美国	
1967年	H. 贝蒂	美国	恒星能量的产生方面的理论
1969年	M. 盖尔曼	美国	关于基本粒子的分类和相互作用的发现，提出“夸克”粒子理论
1971年	D. 加博尔	英国	全息摄影术的发明及发展
1973年	B. 约瑟夫森	英国	关于固体中隧道现象的发现，从理论上预言了超导电流能够通过隧道阻挡层（即约瑟夫森效应）
1975年	A. 玻尔	丹麦	发现原子核中集体运动与粒子运动间的联系，并在此基础上发展了原子核结构理论 原子核内部结构的研究工作
	B. 莫特森	丹麦	
1976年	B. 里希特	美国	独立地发现了新粒子J/Ψ，其质量约为质子质量的3倍，寿命比共振态的寿命长上万倍
1978年	A. 彭齐亚斯	美国	3K宇宙微波背景的发现 建成液态氦的新装置，证实氦亚超流低温物理学
	P. 卡皮查	苏联	

续表

1979年	S. 格拉肖	美国	建立弱电统一理论，特别是预言弱电流的存在
	S. 温伯格	美国	
1988年	L. M.莱德曼	美国	从事中微子波束工作及通过发现μ介子中微子从而对轻粒子对称结构进行论证
	M. 施瓦茨	美国	
	J. 施泰因贝格尔	美国	
1990年	J. 弗里德曼	美国	发现夸克存在的第一个实验证明
1992年	J. 夏帕克	法国	对粒子探测器特别是多丝正比室的发明和发展
1995年	M. 珀尔	美国	珀尔及其合作者发现了τ轻子。莱恩斯与G. 考温首次成功地观察到电子反中微子，他们在轻子研究方面的先驱性工作，为建立轻子—夸克层次上的物质结构图像做出了重大贡献
	F. 莱因斯	美国	
1996年	D. 李	美国	发现在低温状态下可以无摩擦流动的氦同位素
	D. 奥谢罗夫	美国	
1997年	科昂–唐努德日	法国	发明了用激光冷却和俘获原子的方法

注释：

①资料来源：《1995～1996年犹太手册》，美国纽约1996年版，第294～296页；还参考了《诺贝尔奖得主的中学时代》（刘嘉硕编著，文汇出版社2005年版），《火星来客？——诺贝尔奖与犹太人》（杨建邺著，武汉出版社2002年版），《诺贝尔奖金获得者传》（湖南科技出版社1983年版），《1901～1985年诺贝尔奖金获得者辞典》（陕西人民教育出

版社)，《犹太人：谜一般的民族》(肖宪著，上海人民出版社 2000 年版)，《诺贝尔奖百年大典》(杨建军等主编，内蒙古少儿出版社 2002 年版)，《诺贝尔奖获得者全书》(团结出版社 1994 年版)。

通过上表可以看出，犹太人对人类文明的进程做出了巨大贡献。

二、“蘑菇云”之谜

1945 年 5 月 8 日，盟军攻入柏林，纳粹德国投降，轴心国只剩下日本还在负隅顽抗。

1945 年 8 月 6 日，美国空军把一枚绰号叫“小男孩”的原子弹扔到日本广岛；8 月 9 日，又把一枚绰号叫“小胖子”的原子弹扔到日本长崎。这是人类历史上第一次也是迄今为止唯一的一次把原子弹直接用于军事目的。其时美国只造出三颗原子弹，一颗实验用了，剩下的那两颗全部扔到了日本，造成了无数人的死亡。

日本政府于 8 月 14 日宣布无条件投降，第二次世界大战结束。

中国著名作家巴金在《访问广岛》一文中写道：

流传着这样一个故事：一个两岁小孩当时受到原子辐射，10 年后发了病。她根据过去的传说，相信自己折好一千只纸鹤，就能得到幸福、恢复健康。她在病床上一天一天地折下去。她想活。她不仅折到一千只，而且折到一千三百只。但是她死了。

这就是原子弹的威力，不仅比 1 000 个太阳还要亮的巨大辐射可以毁灭人类，而且有巨大的后遗症。正是一大群流落到美国的犹太科学家打开了这个“潘多拉的盒子”，一个可怕的时代开始了！

在日本上空的原子闪电，作为第二次世界大战结束的信号，已经成为历史，但人们在追忆瞬间使 20 万人丧生和广岛成为废墟的这一可怕的悲剧时，更多地看到了今天的现实：一度拥有核弹头 3.7 万～ 5 万枚，总当量达 180 亿吨。按世界人口计算，每人可摊上 3 吨至 4 吨。如每秒钟扔一颗像当年投在广岛那么大的原子弹的话，可持续扔 4 天半的时间。

核裂变及链式反应的发现，实际上为人类提供了两种可能：和平利用核能和自我毁灭的手段。因此，哲学家怀特海在《科学与近代世界》一文中说：“我要提醒一句，悲剧的本质并不是不幸，而是事物无情活动的严肃性。但这种命运的必然性，只有通过人生中真实的不幸遭遇才能说明。因为只有通过这些剧情才能说明逃避是无用的。这种无情的必然性充满了科学的思想。物理的定律就等于人生命运的律令。”

有趣的是，希特勒屠杀了 600 万犹太人，却让以爱因斯坦为首的上百位犹太科学家逃亡了，并组成了洛斯阿拉莫斯实验室，圆满地完成了“曼哈顿计划”，并抢在纳粹德国前爆炸了原子弹。这时，难免有人会问：

“难道纳粹德国也研制原子弹了吗？如果他们不赶走那批犹太科学家，抢在美国前爆炸了原子弹，人类的历史将会怎样？”是啊，如果这样的话，后果将不堪设想，幸亏纳粹研究计划失败了。正如“氢弹之父”爱德华·特勒所言：依照德国的科技水平，在 1942 年就可以造出原子弹。因为早在 1938 年，德国物理学家就已成功地进行了元素铀核裂变的实验。为何直至二战结束，德国人的原子弹仍未造成呢？

传统观点是，由于盟军和挪威人民的共同努力，纳粹德国原子弹的研制工作一次次中断，从而避免了“核幽灵”助纣为虐的可怕局面。

1942 年下半年，希特勒自开战以来惯用的闪电战术失灵。为扭转不利局面，纳粹德国加大了研制原子弹的力度，加快了研制原子弹的步伐。

位于挪威南部平原的维蒙克工厂，在被德军占领和接管后成为德国人生产重水的重要场所，而重水即氧化氘，是原子核爆炸的不可或缺的重要原料。英国情报局很快窃取了德国人增加重水生产的秘密，并针锋相对地制订了代号为“新手”的作战计划。该计划图谋通过空投伞兵，一举摧毁维蒙克工厂的重要设施。但在实施过程中由于天气恶劣，再加上伞兵们缺乏相应的经验，要么机毁人亡，要么被活捉，计划以流产告终。消息传到伦敦，英国政府非常失望，同时也非常着急。

经过反复酝酿，一个新的破坏活动方案出笼。1942 年 6 月 26 日，6 名挪威特种兵被空投到维蒙克工厂所在的平原上。在夜幕的掩护下，他们甩出绳索，身轻如燕地攀登上了峭壁，并与地下组织取得联络，悄悄地向目标靠近。行动人员绕过重兵把守的岗哨，通过铺设电缆的地道进入工厂，找位置，放炸药，然后点火，紧急撤离，一切干净利落，悄无声息。随着一声巨响,该计划大功告成;捷报传来,众人释然。可是，出乎意料的是，不到半年工夫，死灰复燃，纳粹德国又恢复了重水的生产。为此，盟军当机立断，对其实施了严厉的空军打击，投下百余吨炸药，迫使其生产陷入瘫痪。

此后，希特勒决定将设备及重要原料转移到德国境内。英国情报部门获悉，制订了新的行动方案，派遣挪威间谍克纳特与斯金纳兰德打破纳粹的如意算盘。两人潜入担任运输任务的渡船，安放了定时炸弹与雷管，40 分钟后，炸弹爆炸，顷刻间，39 桶重要原料沉入 300 多米深的湖底。纳粹的原子弹美梦由此灰飞烟灭……

另一种观点认为，希特勒实行的种族政策，不仅仅对德国原子弹的研制是个致命打击，同时也客观上帮助美国率先研制出了原子弹。德国法西斯对犹太人的屠杀政策，使得爱因斯坦、费米等著名科学家纷纷逃离德国避难，这对希特勒的原子弹研制事业来说无疑是个巨大损失。同时，希特勒一开始并未意识到德国物理学家奥托·哈恩和弗里茨·斯特拉曼两人在1938年成功进行的元素铀核裂变试验的重要性，结果，两人的科学研究成果得到公开发表，于是，才在大洋彼岸的美国出现了1939年8月2日爱因斯坦等人致函美国总统罗斯福、敦促美国抓紧研制原子弹这件事。美国其后开展的原子弹研制活动极其隐秘，希特勒对其进展情况知之甚少，与此同时，纳粹德国又把更多的精力和金钱投向了V-2S巨型远程火箭的研制上。

有人认为，古雷特·嘎尔波在粉碎纳粹德国原子弹美梦的过程中扮演了重要角色。嘎尔波是一个演员，因出演《安娜·卡列尼娜》与《茶花女》中的主角而在欧洲闻名遐迩。难能可贵的是，她反对希特勒，做事勇敢、果断，成了盟军的情报人员。凭借见多识广、风姿绰约的优势，嘎尔波很快建立了秘密交通联络网，并与物理学家尼尔斯·玻尔教授取得了联系。通过书信来往，暗号传递，最后终于使得玻尔教授安全地脱险，加入反法西斯队伍。玻尔教授后来参加了美国研制原子弹的“曼哈顿计划”。

1984年，波兰《是与非》周刊则认为，德国未造出原子弹是由于波兰爱国者的破坏而引起的一个差错造成的。研制原子弹最理想的减速剂是石墨，由于具有强烈反法西斯思想的总工艺师埃尔温·施密特从中作梗，使石墨中掺杂了钙等其他化学物质，从而使得纳粹德国的实验多次失败。

还有一种代表性的观点认为，是海森堡破坏了德国研制原子弹的计划。海森堡是德国伟大的物理学家，为德国原子弹计划负责人。二战结束后，他曾声称自己凭着科学家的良知，抵制和破坏了纳粹研制原子弹的活动。但《纽约时报》说，曾为海森堡恩师兼朋友的丹麦物理学家尼尔斯·玻尔表示：真实情况并非如此。

2002 年，英国媒体披露了纳粹德国原子弹研制失败的新秘密，声称：海森堡与玻尔确实于 1944 年在哥本哈根会晤过，但海森堡只是向玻尔暗示德国当时正在研制原子弹，并没有表示为此担忧并进行破坏纳粹的活动。言下之意是，海森堡并没有什么道德良知，只不过是没有研制成功罢了！

两个关键人物玻尔死于 1962 年，海森堡死于 1976 年，已经无法对证。作为纳粹德国原子弹研制计划的主持人，海森堡到底是帮凶还是反战争英雄，也只能寄希望于今后澄清。

据杨建邺、徐绪森所著《蘑菇云下的阴影——诺贝尔奖与原子弹》一书的观点，当时德国科学家于 1939 年 4 月 22 日得知了哈恩和斯特拉曼发现了核裂变的秘密，并敦促德国政府进行原子弹的研究，德国陆军部采纳了这一建议，并成立了“铀俱乐部”。1939年9月26日，著名科学家海森堡参加了柏林召开的第二次核研究会议，并指出了两种利用核裂变能量的可能方法：一是利用纯铀235制作一种超级炸弹；二是使用一种减速剂使第二代中子减速，从而制造出一种“铀燃烧器”作为能源以提供巨大的能量。汉堡大学的哈特克也来了，他指出将铀和减速剂分层放置的重要性。两个月后，费米和西拉德也得出了相同的设想。

海森堡认为，从理论上说，石墨和重水都可以作为减速剂，但哈特克这位曾在卡文迪什同卢瑟福一起工作过的物理学家，却认为用重水做减速剂比较好。其实，这是德国人失败的主要原因。因为重水的生产是极其困难和昂贵的，战前世界最大的重水生产厂——挪威的电解水厂每月只能提供10公斤重水，德国本土没有这种设施。其间，曾获诺贝尔物理学奖的德国物理学家博特也开始了用氧化铀和重水的核试验，结果他犯了一个致命的错误，他根据实验断言：纯石墨由于吸取过多的中子而不宜做减速剂，由于博特的权威性影响，别的实验室就没有用石墨做过重复实验。与此同时，费米在美国测出纯石墨非常适合做减速剂，这才奠定了美国的成功。由于重水做减速剂非常困难，这大大延缓了德国研铀的速度，再加之在原苏联战场的失利，德国被迫于1941年底放弃核试验，并于1942年6月开始集中精力研究能产生能量、驱动机器运转的“铀锅炉”。与此同时，在大西洋彼岸的那一帮美国精英犹太物理学家却加大速度，核试验步步成功。参加曼哈顿计划的犹太物理学家有:奥本海默、西拉德、维格纳、贝特、墨格雷、费曼、拉比、布洛赫、尼尔斯·玻尔父子、爱德华·特勒……而且年龄大多在32岁左右，并先后获得过诺贝尔奖，人称“智者大聚会”。玻尔是公认的“科学之父”,后来他以轻蔑的口吻提到希特勒，说他只有几百辆坦克和飞机,却企图奴役欧洲1 000年。这一类事情永远也不可能再发生了……

关于德国研铀失败之事，《上帝掷骰子吗》一书也有所提及，该书以为这是一桩物理史上的公案，一时半会儿很难破译，全世界人民都无法判断。因为有许多人支持海森堡的说法，认为当时以海森堡为首的德国科学家意识到一旦原子弹爆炸所引发的人类道德危机,所以故意在研制中消极怠工,有意夸大制造的难度，使希特勒相信原子弹造不出来，从而使研铀计划搁置了两年。尽管当时德国有一大批优秀科学家参加了“铀俱乐部”，但由于海森堡在计算方面所犯的错误，用墨水而不是石墨做减速剂，导致他们认为铀计划在短期内难见成效。再加上当时德国的财政预算只有35万马克,参与的人数只有100多人,所以研铀只是一个笑话。

而美国则动用了1.5万人，投资了20亿美元才完成了曼哈顿计划。

第二次世界大战的结束，原子弹无疑起了重要的作用。而原子弹的出现却和饱受希特勒屠戮的犹太人是分不开的。犹太人不仅造出了原子弹，同时也为缔造世界和平做出了贡献。

“真正的原子弹之父”爱因斯坦

1921年年初，爱因斯坦在布拉格讲学，遇到一个青年人。这位青年人对他说：“教授先生，您提出了一个伟大的公式 $E = mc^2$，我发明了一种巧妙的机器，能把上亿个原子所蕴藏的能量，统统释放。到那时候……”爱因斯坦对他的话不以为然，这类称有“新发明”的人，他见得多了。当时的物理学还远没有发展到这样的地步，能把 $E = mc^2$ 这个公式应用到实际中去。多数物理学家认为，把原子的质量中蕴藏的能量释放出来，那是100年以后的事情。有人干脆说，那是永远也实现不了的事情，$E = mc^2$ 只不过是个理论假说。可是，18年以后，幻想似乎就要变成现实。1939年1月的一天，爱因斯坦从一本杂志上得知，德国的科学家正在研究铀裂变，而且取得了一定进展。不久，他的老朋友，著名犹太物理学家玻尔告诉他，

按照 $E = mc^2$ 公式计算，每个铀核分裂的时候，会发出两亿电子伏特的能量。爱因斯坦感到惊讶，陷入了沉思：难道 18 年前，跑到布拉格大学来找我的那个激动的年轻人……难道那不可能发生的事情即将发生？$E = mc^2$，无穷无尽的能量，原子能即将出现在人间。

与此同时，美国哥伦比亚大学实验室里，费米教授正进行铀核裂变的实验。实验表明：如果每个铀核裂变的时候放出几个中子，引起一系列铀核裂变，这样像一条链子，铀的裂变就能一直进行下去。亿万卡热量就将冲出来，凶猛异常……可见铀的链式反应就是炸弹！它的威力，比普通炸弹不知高出多少倍！刹那间，能把千万生命烧成灰烬。想到这些，费米不禁打了个寒噤。他是意大利人，妻子是犹太人，为了逃避希特勒和墨索里尼的迫害，携妻子来到美国。如果让德意法西斯拿到这种炸弹，后果将不堪设想。费米教授决定去拜访海军部，报告关于链式反应的研究情况。可是，他们没有理他。

还有一个人，也和费米一样忧心忡忡。他就是匈牙利犹太人西拉德。西拉德在柏林当过爱因斯坦的学生，还和爱因斯坦在一起搞过发明。后来，西拉德逃难到美国，专门研究链式反应。在哥伦比亚大学西拉德教授工作的实验室里，链式反应正在渐渐地从理论变为实际。他深信，在不久的将来，就能将链式反应用到军事上，制造出一种威力无比的新型炸弹。如果让希特勒德国抢在前头，那太可怕了。

西拉德马上行动，找到爱因斯坦，陈述了铀核研究的重要性，劝爱因斯坦出面敦促美国政府重视研究铀的问题。于是，爱因斯坦起草了给罗斯福总统的信，要求总统重视铀的研究工作并迅速制造出原子弹，赶在德国的前面。爱因斯坦的信引起了罗斯福总统的重视，他立即下令成立一个委员会，负责研究原子弹。

1945 年夏天，美国在日本的广岛和长崎投下了两颗原子弹。消息传来，爱因斯坦发出一声痛苦的呼叫，瘫倒在沙发上。爱因斯坦感到悔恨和耻辱。因为他的公式 $E = mc^2$，奠定了原子弹的理论基础；因为他写给罗斯福总统的那封信，开启了原子弹研究和创造之门。虽然他没有直接参与原子弹的研制，但他确实是“真正的原子弹之父”。

揭开核裂变秘密的人尼尔斯·玻尔

在灿若群星的历史巨人中，尼尔斯·玻尔是其中极为灿烂的一颗。虽然他没有爱因斯坦那样声名显赫，但真正懂得物理学的人都深知，他完全可以和爱因斯坦并驾齐驱。他是卢瑟福的学生与合作者，爱因斯坦毕生不可缺少的备受尊敬的挑战者，他是许多卓越科学家如海森堡、泡利、狄拉克、奥本海默的良师益友，也是全世界所有物理学家的领袖。正是他揭开了核裂变的秘密，从而引发了原子时代的到来。

科学发展到20世纪30年代中期，核物理成了热门，世界各地的科学家几乎都转向了这个领域，致使核物理学飞速发展。其中，玻尔的研究处于世界领先地位。

玻尔认为：原子核具有复合成分，因此核反应是分两步进行的。首先，闯入的中子和原子核内的一个质子或中子碰撞。不过，这个粒子不会被撞出原子核，相反它将撞击另一个粒子，这另一个粒子也会撞击别的粒子，直到所有的粒子都运动起来。这时，闯进来的那个中子原来所具有的能量，就转移到了这些粒子上面，接着这个系统就要采取一种行动，以摆脱这部分多余的能量。他又一次发现了原子的结构，又一次发现了并协原理。他提出了如何验证这一设想的所谓“复合原子核”的方法。对复合原子核这一概念，花了好几个月的时间才得到充分的发展。不过，正像牛顿和达尔文的发现一样，突如其来的见识与长时间的审核事实，再一次创造了科学史上又一个最伟大的进展。

玻尔继续向前展望，如果原子核受到了更猛烈的冲击，可能导致原子核的爆炸。

1938 年，玻尔去美国同爱因斯坦合作，在途中和抵美不长的一段时间里，又完成了解释原子核裂变现象和裂变碎片具有放射性的实验。他写出了概论性的论文，对整个过程的理论进行了推导和说明。不久，他又揭示了铀的复杂现象，提出：只有质量数为235的这种稀有同位素才能由慢中子引起裂变；而质量数为238的半度同位素则不能。这种差别仅仅是由于两种同位素含的中子数不同。这个发现，直接提出了释放出巨大核能的链式反应的可能性。

1939年9月3日，第二次世界大战爆发，整个世界都卷入了战争的旋涡。1940年4月，德国占领了丹麦，玻尔落入德国人手中。

纳粹急于想利用玻尔尽快研制出原子武器，所以继续让他从事研究，并且从中索取秘密。但是，有关原子的研制，许多科学家认为在实际中因为存在许多困难，例如难以提炼大量的铀，难以控制反应速度等，所以认为原子弹难以造成。就在这种情况下，玻尔指出慢中子裂变应归于稀有的同位素铀235，又是玻尔发明了有效分离同位素的方法，这就使得制造原子弹成为可行的事情。

战争仍在大规模进行着，英国、美国、法国万分焦急，深恐德国抢先制造出原子弹。它们得知世界上最著名的原子科学家玻尔已落入德国人手中，德国在挪威的重水工厂每年将生产1 500公斤重水，这足以进行原子弹试验。又由于玻尔一贯主张把他的研究成果公之于众，就在德国占领丹麦之后，他仍不改初衷，继续向德国人讲授原子弹的威力，这使英、美更加坐立不安。美国总统罗斯福向谍报人员发出命令把玻尔带出来，参加曼哈顿计划；英国首相丘吉尔也听取汇报，亲自部署夺取玻尔的秘密行动，劝说他为盟方效力。因为玻尔天真地反对一切暴力，甚至想托人或直接找希特勒说情，以停止战争和迫害，所以，他起初拒绝逃往盟方。与玻尔的愿望相反，纳粹的恐怖浪潮席卷了整个丹麦，并直接威胁到他的实验室。他的幻想破灭了，只好选择了逃往同盟国的道路。德国总部很快获悉了这个消息，立即下令：逮捕玻尔！然而晚了一步，玻尔已经在秘密组织的帮助下到了中立国瑞典。

1943 年 10 月 6 日，是一个让人难以忘记的日子。一架英国的蚊式轰炸机在斯德哥尔摩机场降落。玻尔坐到了弹舱里，因为只有这个地方能容纳这位特殊的乘客。当飞机升到最大高度时，驾驶员告诉玻尔打开氧气开关，而玻尔没有听到这一指令，因为飞行员的帽子戴在玻尔的大脑袋上实在是太小了，耳机没能贴在耳朵上。这位出逃的科学家不一会儿就因缺氧而昏迷了。驾驶员从冒着巨大的危险由纳粹手中救出的这位著名教授那里听不到回答，还以为他死了呢。幸好，飞机一会儿降到了较低的高度，玻尔苏醒了过来，安全地飞到了伦敦。

到了伦敦，玻尔很快见到了丘吉尔，同意加入美国研究原子弹的行列。他说："时代不好，为了抢救一个国家最宝贵的东西，我只得违背原则了。"

玻尔在英国逗留了一段时间后，又秘密地来到了美国的研制原子弹基地，同费米、奥本海默、西拉德等人共同合作，努力工作，终于使原子弹研制成功。

"原子弹之父"奥本海默

1939 年，当犹太人奥本海默收到有关铀的裂变及由此而释放出巨大能量的有关消息后，他心中就有了关于原子弹的概念，并进行了原子弹爆炸所需的临界质量的近似计算。但是差不多过了两年，他才被聘从事有关铀方面问题的最早的秘密研究工作，1941 年秋，应诺贝尔奖奖金获得者康普顿的邀请，出席了国立科学院专门委员会召开的有关商议军事利用原子能的会议。会后，奥本海默又回到教学工作上，但从此他再也放不下对这一问题的考虑，他被这个问题深深迷住，花费了大量时间来测定进行一次原子爆发所必需的铀 235 的数量。

到 1942 年初，第二次世界大战处于激烈的拉锯时期，美国的原子弹研制规模日益庞大时，奥本海默被要求专门从事原子弹的设计工作。同年 7 月，一个小组在奥本海默的主持下，就原子弹爆炸理论讨论了几个星期，取得了一些显著成就，进展顺利。

1942 年也是原子弹计划进入一个完全崭新的阶段的一年。美国原子弹研究的最高控制权已由科学家们手中转由军政委员会来掌握。该委员会的成员有三名军事机关的代表：斯太厄将军、珀内耳海军上将和格罗夫斯将军，还有两名科学家代表：布什博士和康南特博士。

从 1942 年 8 月起，这个计划被命名为“曼哈顿工程”。格罗夫斯将军被任命为最高行政领导人，负责协调原子弹制造的各项工作。

在工作中，奥本海默提出了建立一个中央实验室的必要性，这反映了他的远见卓识，也显示出他是一位卓越的组织者。

这个建议得到了支持，并有人提议让他来担任这一最高实验室的领导。这个建议引起了格罗夫斯将军的注意，他认为奥本海默的想法是一个好主意。1942 年秋天格罗夫斯将军第一次会见了奥本海默，两人设计了未来实验室的蓝图，并为实验室选了地址。

奥本海默卓越的才能给格罗夫斯将军留下了深刻的印象，他力排众议任命奥本海默为洛斯阿拉莫斯实验室的负责人。

曼哈顿工程是一项史无前例的庞大工程，据说总共约有 20 万人从事这项工作。

奥本海默在招兵买马时，还特别强调“德国将要造出原子弹”，来激励那些科学家们为人类的正义而斗争。奥本海默善辩的口才是有口皆碑的。他的文学素养极高，在谈话中经常能够引经据典，使人佩服。他的招兵买马获得了很大成功，在原子弹爆炸前，有几千人在洛斯阿拉莫斯工作。

奥本海默管理着洛斯阿拉莫斯实验室的所有工作，他也为此而拼命工作。

在技术上，奥本海默也与大家共同商量、设计，甚至提出许多具体建议。他善于帮助别人澄清思想，而澄清的程度竟常常使他们大吃一惊。同时，作为原子弹的卫道士，还要防止让科学家们在精神上和现实相抵触，他使人们觉得，他们是在为了进行一场正义的事业不得不制造消灭成千上万人的武器。一句话，就是要免除科学家们在制造这种可怕武器过程中产生的负罪感。

洛斯阿拉莫斯实验室的工作在奥本海默和其他科学家的共同努力下，朝着既定目标稳定前进。

到 1945 年初夏，经过两年多的努力，洛斯阿拉莫斯实验室第一次能把原子炸药凑成一个临界量，能进行第一次原子爆炸。又经过一段时间，实验室的工作基本上结束了，人类历史上第一批原子弹武器被制造出来。1945 年 7 月 16 日早晨 5 时 29 分，第一颗原子弹在美国新墨西哥州的阿拉默果尔多沙漠爆炸了。

奥本海默也在现场，在爆炸前，他非常紧张，以至于格罗夫斯将军不得不来安慰他，让他安静。他当时彷徨于两种思想的冲突中，既担心实验可能会失败，又害怕实验会成功。

当倒计时报数员报出“到！”时，原子弹准时起爆，先是出现可怕的刺目闪光，接着就是巨大的爆炸声。两秒钟后，人们才能看一眼爆炸中心，中心如太阳一样火红，巨大的火球从地面缓慢地升到空中，出现了巨大的蘑菇云。爆炸的直径为 1 英里，125 英里之内的窗玻璃都被震碎，能量抵得上 2 万吨 TNT 炸药。这真是一场凶神恶煞般的表演，在场的每一个人都感到有一种冷透心骨的恐惧。

当时有一位科学家向奥本海默祝贺：“现在我们都成了狗娘养的。”奥本海默认为，这就是有关原子弹爆炸实验说过的最传神的一句话。

1945 年 8 月，原子弹改变了世界历史的进程，奥本海默的名字第一次出现在报纸上，他被称为“原子弹之父”。

“核和平之父”西拉德

公众把奥本海默称为“原子弹之父”，但是犹太科学家西拉德对原子弹的了解与贡献也许超过奥本海默。

1939 年 7、8 月间，西拉德两次（第一次与维格纳，第二次与特勒）来到爱因斯坦处。其结果就是 8 月 2 日爱因斯坦通过罗斯福的密友递交给罗斯福总统的信；与此同时，交给罗斯福的还有西拉德 1939 年 8 月 15 日写的备忘录，这个备忘录除了更详细地解释裂变研究的最新进展和意义外，再次提出了限制发表这方面文章的必要性。这与他们身为犹太人的经历和对希特勒的警惕有很大关系。

爱因斯坦的信和西拉德的备忘录直到 10 月 11 日才送到罗斯福手中，这才引起了美国政府的注意，总统下令马上成立铀委员会。10 月 21 日，西拉德、维格纳、特勒参加了铀委员会第一次会议并讨论了原子能的前景。

1942 年 12 月 2 日，在芝加哥大学斯塔格运动场的看台下面，第一座链式反应堆试验成功，人类终于成功地释放并控制了原子能。当人们欢呼雀跃之际，为此奔波了近 10 年的西拉德却忧心忡忡。在费米与西拉德握手庆贺时，西拉德说："这一天将被载入史册，成为人类历史上黑暗的一天"。

尽管西拉德是第一个动议研制原子弹的人，但他这样做纯粹是为了对付纳粹德国。当这种目的已不复存在时，他第一个提出了"继续发展原子弹目的何在"

的问题。西拉德也是第一个提出反对使用原子弹的人。1945 年 6 月，西拉德向奥本海默第一次说出“使用原子弹攻击日本是一个严重错误”时，“原子弹之父”奥本海默大吃一惊。在西拉德等人发起和参与下写成的《弗兰克报告》，于 1945 年 6 月正式向官方提出不使用原子弹攻打日本的建议。

为了加强道义的力量，西拉德 1945 年 7 月联合 69 位原子科学家给美国总统杜鲁门写了一份反对使用原子弹的请愿书，其中写道：“……战争越来越残酷……我们在战争中使用原子弹，就会使世界在这条残酷无情的道路上走得更远”。

西拉德及其他芝加哥科学家们的抗议并没有产生直接影响。原子弹的使用终于使世界在残酷无情的道路上迈出了实质性的第一步。西拉德此时清醒地认识到，要想增加道德的力量，必须把真相告诉公众及社会。在他的动议下，由芝加哥大学的校长哈钦斯发起，于 1945 年下半年召开了一次重要会议，许多政界知名人士都出席了会议。三天的会议讨论了核时代即将出现的各种问题，诸如预防性战争、国际控制原子能、核核查问题，等等。西拉德称这次会议是他所参加的“最好会议”。这次会议为即将到来的科学家反核战争的和平运动进行了组织上的准备。会上讨论的问题日后几乎都成为公众兴趣的中心。后来，他又提出了“国际控制原子能的问题”，并发起了国内控制原子能运动，在公众中树立了“核和平之父”的形象。

在核时代，缔造和平者就是当之无愧的英雄。为了维护 40 多年的核和平，我们可以列出一大串和平英雄的名字，而西拉德是这批英雄中的佼佼者。

原子弹的装配者和“氢弹之父”特勒

特勒是 20 世纪杰出的理论物理学家，同第二次世界大战中千千万万欧洲犹太人一样，他无法避免纳粹分子对他的迫害，因而辗转到了美国。那里自由的科学环境使他的才华得以充分发挥，他感兴趣的是理论物理研究，而不是应用科学。然而，也许是他后来入籍的美国国家安全的需要，也许是他对纳粹主义的深恶痛绝，他同许多来自欧洲的科学家在第二次世界大战中，研制出了世界上第一颗原子弹，继而在最初的冷战时期造出了第一颗氢弹，作为美国的“氢弹之父”被载入史册。

1937 年，特勒和伽莫夫一起从事热核能的理论研究，还共同发表了一篇有关这方面的论文。这篇论文首次提出：在热核反应中起作用的是温度。这个理论认为，太阳或其他星球内部由于巨大能量的释放产生了极高的温度，因此，它们能够使得轻原子核（如氢）

的聚变不断地进行下去。这为以后特勒造出氢弹奠定了理论基础。

1938 年，人们对热核问题已经普遍发生了兴趣。在这种情况下，伽莫夫和特勒把这个问题规定为华盛顿理论年会的一个主要题目。伽莫夫和特勒的论文也在提出的论文之列。这个会议达到了它的目的。它不但解答了一些问题，而且还提出了很多问题，促使世界上一些最优秀的科学家回去后在自己的实验室和课堂里来探寻星球能源之谜。

在这个时期，特勒还在玻尔等人提出的量子力学基础上进行研究。特勒通过他的博士论文做出了一个贡献:他算出了最小的一种分子——即氢分子的离子能级。

之后，他被邀一起参加原子弹的研制，负责有关内爆方面的问题，对原子弹爆炸的成功同样做出了巨大贡献。

正当广岛和长崎上空的放射性尘埃飘向世界各地的时候，特勒和其他许多人的生活也开始了一个新的时期。

世界反法西斯战争已经全面结束了。经过了长达 3 年的紧张工作的洛斯阿拉莫斯实验室的人们都厌倦了这种紧张而不自由的生活，他们先后离开了这里，回大学重返讲坛或搞自己心爱的纯科学研究去了。

然而，有一个人不是这样，他就是特勒，他极端反共，也是极端反俄的，他认为俄国甚至比希特勒还要可怕。他知道,美国对核武器专有的局面维持不了多久，所以为了将来在力量上压倒敌人，那么美国的核武器研制就不能停止下来，要开发威力更大的超级弹!

可是在当时，这几乎是特勒一个人的想法，不懂得核技术的军界、政界人士认为，美国对核武器的专有权至少可以维持20年。而对于大多数参与制造第一颗原子弹的科学家们来说，广岛、长崎10几万具烧焦了的尸体虽已被掩埋了，但是它们的臭气却压在“已经知罪”的他们的心中永远散不去。只要他们活在世上一天，他们就不得不诵念忏悔经。这些人中间有一种很强烈的感觉，好像有人要他们撰写人类悲剧的最后一章，哪有什么心思来造更厉害的杀人武器!

所以,当时特勒是很孤单的,后来一些人称他为“战争狂”大概就是缘于此吧。

如果说在制造原子弹的过程中，特勒只是一个单纯的科学家的话，那么，在设计制造氢弹时，他已经成为一个集科学与政治于一身的人物了。

最初，这不单是一个理论或技术问题，而是到底发展不发展超级弹的问题。他只知道，重原子核在裂变过程中可以释放巨大能量，而轻原子核在聚变过程中则可释放出更大能量。

他首先战胜了以奥本海默为首的一批资深科学家

组成的原子能委员会顾问委员会对制造氢弹一事的阻挠，取得了美国总统杜鲁门的支持。他几经奔波，建立了第二实验室——得弗莫尔实验室，聚集了一大批有才能的科学家，开始了氢弹的研制工作。

而后，他提出，核聚变只能由核裂变引起，核裂变产生高温，高温使核聚变实现。为了使氢弹威力更大，他在设计制造过程中，使用氢的两种同位素氘和氚做核聚变材料。由于氢的沸点极低（氢的沸点为－252.822℃），因而在设计制造第一颗液体态氢弹上，包括一部分庞大的冷却设备，这就是重达65吨的“迈克装置”，关于它的威力尚属保密范围。它是一个圆柱形的怪物，被建在南太平洋上的一个小岛上。爆炸实验于1952年10月31日进行，事后，直径1英里的小岛不见了，剩下的只是海中的一个大窟窿。1953年8月12日，即“迈克”实验的9个月之后，原苏联爆炸了一颗可运载的氢弹，技术上已经超过了美国。

特勒的判断是正确的。他的正确判断引领了他的符合美国国家安全需要的行动，终于成了美国的“氢弹之父”。

三、破译混沌世界的密码

根据有关资料显示，从 1901 年到 2001 年，共有 137 人获得了诺贝尔化学奖，共有 23 位犹太人获得了该奖，占化学奖获奖总人数的 16.8%。

1901～2001年犹太人获诺贝尔化学奖统计

时间	获奖人	国籍	获奖原因
1905年	拜耳	德国	从事有机染料以及氢化芳香族化合物的研究
1906年	H. 莫瓦桑	法国	从事氟元素的研究
1910年	O. 瓦拉赫	德国	脂环式化合物的研究
1915年	R. 威尔施泰特	德国	从事植物色素、叶绿素的研究
1918年	F. 哈伯	德国	发明固氮法
1943年	G. 赫维西	匈牙利	利用放射性同位素示踪技术研究化学和物理变化过程
1961年	M. 卡尔文	美国	揭示了植物光合作用机理
1962年	M. 佩鲁茨	英国	测定出蛋白质的精细结构
1971年	G. 赫兹伯格	加拿大	从事自由基的电子结构和几何学结构的研究

1901～2001年犹太人获诺贝尔化学奖统计

续表

时间	获奖人	国籍	获奖原因
1972年	安芬森	美国	从事核糖核酸酶的活性区位研究
1977年	I.普里高津	比利时	主要研究非平衡热力学，提出了“耗散结构”理论
1980年	P.伯格	美国	从事核酸的生物化学研究，确定了核酸的碱基排列顺序
	W.吉尔伯特	美国	
1981年	R.霍夫曼	美国	从事化学反应过程的理论性研究
1982年	A.克卢格	英国	开发了结晶学的电子衍射法，并从事核酸蛋白质复合体的立体结构研究
1985年	H. A.豪普特曼	美国	开发了应用X射线衍射确定物质晶体结构的直接计算法
1986年	D. R.赫施巴赫	美国	研究化学反应体系在位能面运动过程的动力学
1988年	哈特穆特·米歇尔	德国	分析了光合作用反应中心的三维结构
1989年	S.奥特曼	加拿大	发现了RNA自身具有酶的催化功能
1992年	R. A.马库斯	美国	对溶液中的电子转移反应理论做出贡献
1996年	H. 克罗托	英国	发现了碳元素的新形式——富勒氏球（也称布基球）C_{60}
1998年	W.科恩	美国	提出密度函数理论

注：本表参阅了大量资料，恕不一一列出

在上述诺贝尔化学奖得主中，最有影响的是拜尔，莫瓦桑、威尔施泰特、哈伯、佩鲁茨、普里高津、吉尔伯特、奥特曼等人。拜尔是最早获诺贝尔化学奖的犹太人，他最先研究了染料合成技术；法国犹太人莫瓦桑首次离析出纯氟并建立了高温化学；哈伯是“合成氨之父”；威尔施泰特则发现了植物色素和叶绿素；佩鲁茨确定了血红蛋白的分子结构；普里高津研究了非平衡态热力学，并提出了著名的“耗散结构理论”；吉尔伯特则发明了测定人类 DNA 顺序的方法，伯格则研究操子基因重组 DNA 分子；奥特曼则发现了核糖核酸（RNA）的催化功能，可见犹太人对人类化学进程的贡献之大。

在 20 多位犹太裔诺贝尔化学奖得主中，比利时的普里高津，也是值得大书一笔的化学巨匠，在 20 世纪最关紧要的科学观念——时间发生重大改变时，普里高津扯起了“布鲁塞尔学派”的大旗，宣称他们对时间做出了“再发现”，从而为混沌、自组织……一系列重大困难带来了危机。他的“耗散结构”理论，不仅为化学和生物学带来了全新的观念，也为社会科学带来了无限生机。正如著名未来学家阿尔温·托夫勒在《从混沌到有序》一书的前言中所写：“普里高津的范式之所以令人感兴趣，就在于他把注意力转向了现实世界的那些方面：无序、不稳定性、多样性、不平衡、非线性关系，以及暂时性——对时间流的高度敏感性。

这些方面标志出今天加速了的社会变化。普里高津和他的'布鲁塞尔学派'同事们的工作，可能很好地代表了下一次的科学革命，因此他们的工作不仅与自然，而且甚至与社会本身开始了新的对话。"

伊里亚·普里高津，1917 年 2 月 25 日生于莫斯科，9 个月以后，俄国爆发了十月革命。普里高津的父亲是一位犹太人化学师，由于原苏联和东欧当时都有强烈的反犹主义倾向，他们于 1921 年移居德国，8 年后又移居比利时。普里高津的中学和大学生活，都是在布鲁塞尔度过的，比利时和荷兰当时对犹太人比较宽容。普里高津从小就酷爱音乐和哲学，阅读柏格森的《创造进化论》使他受益匪浅，他最喜欢柏格森的一句话是："我们越是深入地分析时间的自然性质，我们就越懂得时间的延续即意味着发明，意味着新形式的创造，意味着一切新鲜事物连续不断地产生。"正是受到了柏格森的启发，在 1986 年 7 月的一次演讲时，他以"时间的再发现"为题，一开头他就说道："我的报告的题目，可能会引起大家的惊奇，因为大多数人认为时间早已被发现了。"

的确，人们通过爱因斯坦的相对论，好不容易明白了时间的膨胀、时空弯曲以及时间度规必然依赖自然界的物理过程……这些石破天惊的新概念时，普里高津又来一个"时间的再发现"！这怎么不让人惊讶呢？普里高津急忙解释他所谓的“再发现”指的到底是什么：“实际上对时间这个概念的理解，人们在最近10年或20年中已经有了重大的变化，完全可以说时间是又一次被发现了……我们已开始破译著名的热力学第二定律所传达出来的深刻的信息，无处不在的，或称万有时间箭头，即时间对称破缺，正是第二定律的核心，正是从这里再度发现时间。”

原来，无论是牛顿的经典力学，还是爱因斯坦的相对论力学，以及量子学，都认为时间是精确对称的，即把（-t）代替力学方程中的（t），不会引起结果的任何变化，这种现象被称为“时间是对称”的，或“时间是可逆”的。说通俗一点就是时间没有方向性，或者说时间没有箭头。但我们的日常生活给我们的启示，却明明白白告诉我们时间是不对称的，是不可逆的，即时间是有箭头的。例如，我们可以记忆过去，却不能记忆未来；再如，每个人都日渐衰老，人类生存环境日益恶化；等等。这些都告诉我们时间是向着一定方向流动的。我们常常说“日月如梭，光阴似箭”，“夫天地者，万物之逆旅；光阴者，百代之过客”，这都是时间不可逆、有箭头的生动描述。

但直到20世纪60年代，物理学家仍然只关注“存在的物理学”，而不重视“演化的物理学”，在物理学史上，只有玻尔兹曼试图建立“物理进化论”，但中途受阻，大业未成却命归黄泉。普里高津正是在这受阻处继续对时间进行探索，并终于让人们信服地指出：非平衡态不仅是宏观世界的有序之源，而且是唯一的宏观有序之源。1967 年，普里高津把那些在非平衡条件下通过能量耗散过程，产生和维持时空有序的结构，称为“耗散结构”。

此后，人们对不可逆过程，以及有序、无序问题有了深刻认识和重大突破：“不可逆过程”在有序的形成（如人由无序的分子组建成一个高度有序的人）的过程中，起了积极而关键的作用，而不再像以前那样，把不可逆过程看作只是一个破坏、有害的东西。事实上，自然界各种有序结构，包括人类这种万物之灵，都是通过不可逆过程才产生和维持的。时间这一最根本的概念，正是在这儿又一次被人们重新认识和重新发现。

普里高津之所以能在人们审视了无数次而没有做出新发现的地方，建立起新的时间观，并且由此而获得诺贝尔奖，十分关键的一点，是他能将他潜意识中的东方文化精髓与西方的科学精神、科学方法有机地融合在一起。他曾多次向人们强调，东西方思想的融合对西方科学家至关紧要。在《从混沌到有序》一书的序中写道：“因此，中国的思想对于那些想扩大西方科学的范围和意义的哲学家和科学家来说，始终是一个启迪的源泉。我们特别感兴趣的有两个例子……

第二个例子是尼尔斯·玻尔，他对他的互补性概念和中国的阴阳概念间的接近深有体会，以致他把阴阳图作为他荣誉勋章的标记。这个接近也是有深刻的根源的。”

2004年度诺贝尔化学奖授予3名科学家——两名以色列科学家阿龙·切哈诺沃、阿夫拉姆·赫什科和一位美国科学家欧文·罗斯，以表彰他们发现了泛素调节的蛋白质降解。其实他们的成果就是发现了一种蛋白质“死亡”的重要机理。他们突破性地发现了人类细胞如何控制某种蛋白质的过程，具体地说，就是人类细胞对无用蛋白质的“废物处理”过程。

蛋白质是由氨基酸组成的，氨基酸如同砖头，而蛋白质则如结构复杂的建筑。正如同有各种各样的建筑一样，生物体内也存在着各种各样的蛋白质。不同的蛋白质有不同的结构，也有不同的功能。通常看来蛋白质的合成要比蛋白质的降解复杂得多，毕竟拆楼容易盖楼难。

蛋白质的降解在生物体中普遍存在，比如人吃进食物，食物中的蛋白质在消化道中就被降解为氨基酸，随后被人体吸收。在这一过程中，一些简单的蛋白质降解酶如胰岛素发挥了重要作用。科学家对这一过程研究得较为透彻，因而在很长一段时间他们认为蛋白质降解酶没有什么可以深入研究的。不过，20世纪50

年代的一些研究表明，事情恐怕没有这么简单。

最初的一些研究发现，蛋白质的降解不需要能量，这如同一座大楼自然倒塌一样，并不需要炸药来爆破。科学家发现，同样的蛋白质在细胞外降解不需要能量，而在细胞内降解却需要能量。这成为困惑科学家很长时间的一个谜。早在 20 世纪 70 年代末 80 年代初，阿龙·切哈诺沃、阿夫拉姆·赫什科和欧文·罗斯就开始了一系列研究，终于揭开了这一谜底。原来，生物体内存在着两类蛋白质降解过程，一种是不需要能量的，比如发生在消化道中的降解，这一过程只需要蛋白质降解酶参与;另一种则需要能量,它是一种高效率、指向性很强的降解过程。这如同拆楼一样，如果大楼自然倒塌，并不需要能量，但如果要定时、定点、定向地拆除一幢大楼，则需要炸药进行爆破。

这 3 位科学家发现，一种被称为泛素的多肽在需要能量的蛋白质降解过程中扮演着重要角色。这种多肽由 76 个氨基酸组成，它最初是从小牛的胰脏中分离出来的。它就像标签一样，被贴上标签的蛋白质就会被运送到细胞中内的“垃圾处理厂”，在那里被降解。

这 3 位科学家进一步发现了这种蛋白质降解过程的机理。原来细胞中存在着 E_1、E_2 和 E_3 三种酶，它们各有分工。E_1 负责激活泛素分子。泛素分子被激活后就被送到 E_2 上，E_2 负责把泛素分子绑在需要降解的蛋白质上。但E_2并不认识指定的蛋白质，这就需要E_3帮助。E_3具有辨认指定蛋白质的功能。当E_2携带着泛素分子在E_3的指引下接近指定蛋白质时，E_2就把泛素分子绑在指定的蛋白质上。这一过程不断重复，指定蛋白质上就被绑了一批泛素分子。被绑的泛素分子达到一定数量后，指定蛋白质就被运送到细胞内的一种称为蛋白酶体的结构中。这种结构实际上是一种“垃圾处理厂”，它根据绑在指定蛋白质上的泛素分子这种标签决定接受并将降解这种蛋白质。蛋白酶体是一个桶状结构，通常一个人体细胞中含有3万个蛋白酶体，经过它的处理，蛋白质就被切成由7～9个氨基酸组成的短链。这一过程如此复杂，自然需要消耗能量。

后来很多科学家的大量研究证实，这种泛素调节的蛋白质降解过程在生物体中的作用非常重要。它如同一位重要的质量监督员，细胞中合成的蛋白质质量有高有低，通过它的严格把关，通常有30%新合成的蛋白质没有通过质检，而被销毁。但如果它把关不严，就会使一些不合格的蛋白质蒙混过关；如果把关过严，又会使合格的蛋白质供不应求。这都容易使生物体出现一系列问题。比如，一种称为“基因卫士”的p_{53}蛋白质可以抑制细胞发生癌变，但如果对p_{53}蛋白质的生产把关不严，就会导致人体抑制细胞癌变的能力下降，诱发癌症。事实上，在一半以上种类的人类癌细胞中，这种蛋白质都产生了变异。泛素调节的蛋白质降解在生物体中如此重要，因而对它的开创性研究也就具有特殊意义。目前，在世界各地的很多实验中，科学家不断发现和研究与这一降解过程相关的细胞新功能。这些研究对进一步揭示生物的奥秘，以及探索一些疾病的发生机理和治疗手段具有重要意义。

3 位科学家在研究细胞控制蛋白质运动方面做出了卓越的贡献。他们的研究在 DNA 修复和控制、治疗人类疾病方面具有重要意义。他们的主要工作——发现泛素调节的蛋白质降解，是在 20 世纪 70 年代到 80 年代间完成的。早在 1942 年，科学家们就发现了蛋白质分子降解现象，其中赫什科也属于早期探索者之一，但这个阶段他们一直把研究方向瞄准三磷酸腺苷（ATP）的作用。20 世纪 70 年代至 80 年代间，切哈诺沃与赫什科曾在罗斯主持的福克斯·蔡斯癌症研究中心做访问学者。在这期间，他们联名发表了一系列论文，揭示了泛素调节的蛋白质降解机理，指明了蛋白质降解研究的方向。3 位科学家在 1979 年 12 月 10 日一期美国《全国科学院学报》上连续发表的两篇文章，被诺贝尔化学奖评选委员会称为“突破性成果”，从而奠定了他们获得诺贝尔奖的基础。这 3 位科学家中，两位以色列科学家都是犹太人，可见犹太人在这一领域的潜力。

四、信仰治病

犹太人获诺贝尔生理学和医学奖的人数较多，这和犹太文化传统中对医学的重视是分不开的。用医学史中完全属于犹太医学本身的一种个性来考察整个犹太医学，这是十分困难的。有关古犹太医学的资料少到可怜，甚至连一本药方集子或医学故事书也没有。按照《医学史》一书的观念，古犹太医学有其很重要的特点，而这些特点均来自这一民族的发展和社会政治事件的影响。

古犹太的医学，至少现存于《圣经》中的部分，是属于僧侣医学，其中充满神权气氛，因为当时道德上、社会上和政治上的法规都受神权支配。尤其是一神教思想，使得犹太医学与其他古代民族的医学完全不同，他们相信唯一的上帝是健康的主宰，又是一切疾病的主宰，正因为疾病来自上帝，所以只能是人类罪恶所应受的惩罚。这种目的论观念和宗教教育，使之信服灵魂的观念和魔鬼致病的观念,并因之产生巫术和迷信。但是，由于《圣经》中有关的卫生法规极为发达，犹太人对医学的巫术和迷信程度比其他民族要轻得多，这就是一神教对古犹太医学发展的重要性。但正因为如此，《圣经》中很少提到医生和药品，这说明古犹太人医学的最大特点只能用四个字概括，那就是——信仰治病。

凡是研究《圣经》的人都能清晰地看出，其中有将一切权威包括治病权力集中于祭司阶层的倾向，因祭司保管和传达上帝的意旨，所以在医疗上也是唯一正式的医务工作者。祭司也是人们洁净的监护人，由于身体洁净与心灵洁净同等重要，而且不允许只有心灵的纯洁而无身体的清洁，所以卫生规定明显带有宗教告诫的特点，并且是宗教仪式的一部分。因此，祭司们需要高尚的道德，同时也需要严格遵守沐浴和清洁条规。犹太教，按照《圣经》中一再重复的说法，认为所有犹太人全是祭司的人民，是上帝的选民，各阶层之间没有区别，因此所有宗教卫生法规适用于任何人。

古耶路撒冷犹太教圣殿被毁以后，大量的犹太人生活在放逐中，犹太医学没有明显的发展。但是，到了阿拉伯人征服地中海以后，犹太人的各个方面都得到长足发展。犹太医生成为哲学家，精力充沛的开业医生、诊断行家，出色的植物学和药理学研究者，并从此为人类医学的发展做出了巨大的贡献。下面按时间顺序，做一简述：

经典中的犹太医学

《圣经》在医术上有一个独特的贡献，这就是它提出了社会公共卫生的种种规定。这不仅在古代，而且影响了近代犹太人的生活。卫生和预防成了为整个民族的康乐与繁衍而必须遵从的宗教教规。据统计，《圣经》中的各种戒律共 613 条，同医药有关的就多达 213 条。防止流行病、禁止卖淫嫖妓、抑制性病、经常洗澡、保护皮肤、严格的饮食卫生与环境卫生的规定、性生活中的准则、隔离与检疫、对于休息日的遵守，以及及时预测的习惯等等，有力地阻止了曾在邻近国家中流行并带来严重后果的疾病在犹太民族中的传播。

按照《圣经》的规定，饭前洗手和洗澡是宗教上的责任。此外，犹太人非自洁后不得进教堂，甚至在读教规前和性交后都必须沐浴。女子在经期被看作不洁的人，不但不允许进礼拜堂，甚至不能与丈夫有任何关系，有人若与行经妇女交合要受死亡之苦。

在犹太人的全部社会史中，洗礼极为重要，是一种基本规则。在犹太人宗庙被毁、遭到驱赶以后，不论如何小的宗教团体，必须行洗礼才能成立，新入犹太教的人也必严守此礼。条文中规定全身必须浸入水内，浴前要脱去外衣和装饰品，并且要将全身洗净后再行洗礼，从这种观念产生了有关接触污物的条文。凡进入有死人之家，在 7 天之内都是污秽的，应当用“净水”于第三日和第七日洗身，有人认为这是为了消毒。在《申命记》中提及士兵要将他们的粪便用土掩盖以防传染，成为一项极重要的清洁法规。犹太人甚至规定士兵在营地需携带器械用以挖坑铲土掩埋大便。这虽然是一种原始方法，却说明当时先进的卫生观念。

犹太人早已意识到传染病是由衣服和器皿的直接接触传播的，甚至对鼠疫和苍蝇的传播也有提及，所以制定了一系列有关个人和环境卫生的规则。这些规则包括：预防性隔离和及时隔离、检疫，烧掉或烫洗受到污染的衣服和器皿，彻底擦洗和烟熏受到传染病污染的住房。因此，欧洲历史上出现过若干次传染病，犹太人受到的冲击很小。

古犹太人还规定，无论何人，只要接触过人的尸体与动物的尸体，或接触过尸体上某部分的烂肉和脓液，就必须对自己进行彻底清洗，包括衣物。在《圣经》中列出的疾病有：痔疮、牛皮癣、疥、痨病、热病、火症、疟疾、露疮、瘟疫、麻风病、烂骨、结膜炎以及白内障等。这反映了古犹太人对疾病的认识水平。此外，《圣经》中还介绍了治疗方法，包括清洗法、光照、服用药物和绷带治疗等方法，甚至还提到了人工呼吸法。《圣经》中提到的药物有：没药、桂皮、肉桂、枫脂香、硝石、风茄等。《圣经》中还提到了包皮割术和阉割。尤其是割礼，成为犹太人和上帝立约的标记，同时也有利于生殖器健康。所以，犹太女人不仅生殖能力强，而且很少得妇科病。

犹太人称麻风病为 Zaraath。这个字包括现代临床上很多病，如牛皮癣、湿疹、各种皮肤病，甚至梅毒。《利未记》13 章 2—46 节，记述了犹太人称的麻风病。从《创世记》31 章 14—15 节的一段记述中可以推断，犹太人曾用曼陀罗做壮阳剂。关于外科手术，除了割包皮外，还有肛门瘘手术、脱臼整复和剖腹产术等，放血术也常常提及，水蛭和拔罐也常使用。手术前并服催眠剂。

在《圣经》里找不出医生、治法、符咒的痕迹，个别章节仅有上帝恐吓和击打犹太人。不管何时，只要犹太人不忠于上帝的律法，便会立刻遭到惩罚。只有信上帝，精神和肉体才能得到医治和拯救，这就是所谓的“信仰治病”。信仰治病对医学最大的贡献在于，奠定了整个社会卫生的主要基础。犹太人在历史上首先赋予了人民以法律保护的权利，将卫生立法作为社会道德的一大基础，构成了犹太教的特性之一，同时也为人类医学思想的进化奠定了宝贵的基础。

塔木德时期从公元 2 世纪到 6 世纪，这个时期的各种历史事件对于犹太人的观念和生活方式造成了极为深刻的影响，影响所至波及了犹太医术发展的进程。巴比伦之囚、哈斯蒙尼战争之后的希腊人的统治、基督教的兴起、第二圣殿毁坏后的大迁移，都使得犹太人的生活社区变得更易受到邻近民族的影响，甚至受到外族思想上的影响，这些影响在犹太人的生活，包括医术的每一步发展上都打上了烙印。《密西拿》《米德拉西》《死海古卷》等书，都有许多内容和医药有关。巴比伦《塔木德》的注释对于食道、喉头、气管、肺、脑及生殖器均有精确的阐述；对于肺瘤、肝硬化、干酪性变质，以及其他一些病症，也有正确的描述。

《塔木德》中所表明的犹太人的医疗观念是比较接近人性的。在许多叙述中表现了他们对人类生命的神圣性与身体健康的重要性的看法："救人一命比过安息日更重要"；"过分的斋戒即为罪人"。《塔木德》认为，健康主要靠上帝规定的健康生活方式，同时也不反对人们在有病时去看医生，甚至在安息日也要看病。条文这样说："无论谁遇到了伤病而疼痛，要让他去看医生。"因为医生已被认为是上帝帮助信徒治病的工具和代理人，在犹太人心中的地位很高。《塔木德》认为，在一个由有文化修养的人居住的城市中必须具备的条件共有 10 项，其中一项便是必须有医生。犹太人还制定了专门的规则，谁要把房子租给医生事先须征得邻居的同意，以免上门看病的人的哭声打搅了他们。当时虽没有专门的医院，但犹太会堂的部分房间可当作病人的诊治所和住院处。专门用作手术室的房间，其墙壁与地板均用大理石铺设，以便于清洁。

医生行医应该获取合适的报酬，免费看病是不允许的，对穷人少收费是允许的。4世纪时的一位医生以博爱精神著称，为了不使穷困的病人难堪，专门在墙上挂了一只箱子，病人可以随便支付自己的医药费。这位医生甚至拒收穷学生的钱，目的是让孩子恢复健康和继续求学。在当时的文明社会中，犹太医生不仅具有很高的声誉，同时数量很多，名医层出不穷。许多权贵都聘请犹太籍的私人医生。此外，当时的犹太学校中，已把医术列为重要课程之一，许多学者本人就是医生。

塔木德时期的人体解剖学也有了长足的发展。由于解剖知识的积累，犹太科学家和医生对于动物的洁与不洁有了严格的规定。他们还对妇女月经的规律，以及某些妇科病，甚至对胚胎的发育都有研究，并认为胚胎从它受精之日起便是一个有生命的机体，对“精子”的认识甚至超过了亚里士多德的认识。《塔木德》认为，在怀孕期间，男女双方都对新生命有着重要作用。此外，《塔木德》还对肺的病理情况做了描述，并已知道肺病有传染性。他们还掌握了治疗皮肤病、角膜炎、视网膜脱落以及白喉的许多经验，治疗的手法也比圣经时代大大进步。《塔木德》中有关健康、饮食和传染病的许多戒律，即使放到现在也很先进。对个人的清洁和卫生更是非常重视，不仅建议大家参加体操、按摩和日照等活动，甚至认为“早上洗手和洗脚，比世上任何治疗都更为有效”。此外，还禁止与癫痫病人或精神有障碍的人结婚。

通过《圣经》和《塔木德》中的医学理念，我们可以追踪医学思想在犹太人中演化的轨迹。

中世纪及其后的犹太医学

到了中世纪，犹太人的医学进入了它的“黄金时期”。一位专家评论说：“在中世纪，犹太人和阿拉伯人对于医药学说的进步当然有着一种显而易见的影响。近期发现了一些希伯来人的手稿，它们表明中世纪的犹太医学家在积极保存和发展医学思想方面是如何孜孜不倦和卓有成效。”当时，犹太人在阿拉伯人征服地中海期间，即在中世纪至文艺复兴之前的这段历史中，发挥了令人印象深刻的作用。阿拉伯人视犹太人为尊敬的医生、老师和顾问，因而犹太人在各自的职业和知识领域享有完全的自由。犹太人似乎命中注定要在这一历史阶段发挥作用，他们熟谙古希腊的哲学和医学，并且对亚历山大里亚诸学派了如指掌，因而对阿拉伯的文化产生了巨大的影响。与此同时，由于长时期的大流散，犹太人忘却了希伯来语，便开始使用所在国的语言。当时，绝大多数的犹太医生都使用阿拉伯文字撰写他们的著作，包括伟大的摩西·迈蒙尼德。

摩西·迈蒙尼德于1135年生于西班牙，几经辗转，于1165年定居开罗，是当时非常著名的哲学家和医学家。他在医学上的全部想法都基于这样一种信念：健康的身体是健康的心灵的先决条件，这样才能发展一个人的理智能力与道德力量，并引导他去认识上帝，去过一种较为道德的生活。他把医学看作一种修补身体上缺陷与精神异常的艺术，极力主张医生不仅需要本行中的技术与知识，而且还能知道和善于了解病人的个性和环境。他行医依靠理智地观察病人，依靠爱和信念，并严格执行《圣经》的道德戒律。他将医学分成三大部分：预防性医学——对健康的保养；治疗疾病；恢复期的照看和方法，包括对衰老的防护。他虽然对古希腊的医术比较推崇，但反对盲目崇信所谓的权威，对于有价值的清晰思想和实验都评价很高。他的医学观测法、诊断法、治疗法，对气喘病与中毒反应的研究，对药物反应的研究，以及对希波克拉底《格言》的注释，使他处于医药界的领先地位。他所写的医学书都用阿拉伯文，其中的大多数很快被译成希伯来文与拉丁文。由此可见他的名声和影响。

12 世纪末 13 世纪初，犹太人进入了法国南部地区，尽管他们同样受到限制，但总的状况要比在西班牙好一些，并有了自己的学术中心。教皇的训令与宗教会议的法令时而禁止时而允许犹太人行医。蒙特利尔医药学校的师资很大程度上依赖于犹太学者，还有不少文献记录了一些私人学校设立犹太律法、自然科学、医学等课程，并付给犹太教师不少的费用。在 15 ~ 16 世纪，当一些医学专科学校不招收犹太学生时，犹太医学界便开设犹太医校以便犹太医学后继有人，把经希伯来文翻译的希腊与阿拉伯医书作为教学用书。

在意大利，许多犹太医生同时又是犹太社区中的祭司或领导人。在欧洲许多国家中，大学拒收犹太学生，但在意大利，好几所大学都招收犹太学生。由于其他欧洲国家反犹，所以很多犹太人涌入意大利。在很长一段时期里，犹太医生成为教皇、红衣主教、主教和公爵的私人医生。

在北欧诸国，犹太医生同样享有很高的声誉和居于很高的地位，但其数量和影响远不及南欧诸国的犹太医生那样举足轻重。1 000 多年来，犹太医生在医学界做出了不懈的努力，这为他们在 18 ~ 20 世纪的繁荣打下了坚实的基础。

犹太人对现代医学的贡献

正如我们所见到的那样，尽管西方人常常称呼文艺复兴运动为“解放”的新纪元，但对犹太裔医生来说，除了意大利之外，他们在所有其他地方仍然受到干扰并常常遭到迫害。有些犹太医生一举成名，有些还荣升为国王和王子们的御医或医学顾问，有时他们甚至获得显赫的地位和特别权利，但这都是特殊情况。一般来说，他们的生活是没有保障的，也很难执掌要职，开明而亲犹的统治者寥寥无几。

17 世纪，当天主教与新教的斗争在德意志进行得如火如荼之际，只有意大利的大学对犹太人网开一面。第一位犹太学生叫博纳科沙，他于 1255 年在帕多瓦大学注册。埃利乔 · 戴尔美地哥是帕多瓦大学最早的犹太血统名教授。但直到 17 世纪中叶，大量来自德意志各公国、奥地利和波兰的犹太人才群集这所大学。从那往后，只有从帕多瓦大学获得学位的犹太学生，才被允许在德意志或奥地利开业行医。一直到 1782 年，即奥地利君主约瑟夫二世的所谓“宽容法令”后，犹太人才被允许进入奥地利各大学，但要任教或谋得一席职位仍困难重重。犹太先生常常被唤作“意大利先生”，只有在意大利，他们才有自由发展的机会。

法国大革命后，犹太人才刚刚尝到“解放”的甜头，大量的犹太学生涌入大学，喜爱研究犹太医学的犹太人突飞猛进。从那时开始，许多医学专科成为犹太学者展示特殊天才的“专利”辖区。诸如：免疫学、临床医学、耳科、眼科和精神病科等领域。19 世纪上半叶，3 位杰出的科学家对于临床学的进步功不可没：莫里茨·亨利希·龙伯格是近代神经病理学的奠基者，1838 年他成为柏林大学教授；罗伯特·雷马克是柏林大学第一位犹太血统的讲师，后晋升为副教授，1842 年他发现了早期胚胎的 3 个胚层，1844 年发现了心脏的神经细胞（后定名为雷马克氏神经节），还首创了以电疗法治疗神经病；路德维希·特劳贝，也是当时最伟大的临床医学家。

雅各布·亨勒（1809 ~ 1885）是德国诸大学中最负盛名的教师之一。早在 1840 年，他就假设微生物是传染性疾病的直接原因；他最通晓的领域是人体解剖学，他的《解剖学总论》是第一本系统的解剖学著作。解剖学和病理学中“亨勒环”“亨勒疣种”“亨勒包膜”“亨勒裂沟”等都是以他的名字命名的，其研究面极广，从眼膜到指甲，无所不包，至少有 12 种显微结构是以他的名字命名的。

赫尔曼·勒伯特曾在瑞士苏黎世大学和波兰的布雷斯劳大学任教授，他是最早使用显微镜进行病理解剖研究的学者之一。

亨利希·巴姆贝格尔是临床医学专家，维也纳大学最著名的医学教师，他的关于心脏病的教科书被视为经典。

奥斯卡·明科夫斯基，是新陈代谢研究的创建者。阿道夫·马格努斯－利维也对这一课题做出了杰出贡献。

乔治·海耶姆，在巴黎任临床医学教授，是描述血小板的第一人（1878年）。

约瑟夫·布罗伊尔与弗洛伊德，创立了革命性的精神分析学说。后来的许多的心理学家都是弗洛伊德的学生，而且是犹太人。

塞萨尔·隆布罗索，《犯罪者论》的作者，是最早关注少年犯罪心理研究的著名学者。

哥伦比亚大学的亚伯拉罕·布里尔是精神分析学说在美国的鼓吹者，并且对这门学说的发展做出了贡献。

爱德华·亨诺克和亨利希·芬克尔斯坦，是德国儿科学的奠基者；马克斯·卡索威兹为遗传性梅毒和佝偻病做了基础研究工作；贝洛·锡克在白喉症和猩红热领域的研究也是众所周知；亚伯拉罕·雅各比是美国儿科学的先驱；最著名的美国儿科医生是以撒·艾布特，西北大学教授；亚伯拉罕·莱文森从事脑髓液的研究；亨利·科普利克在纽约“西奈山医院”创建了儿科病房，并且发现了麻疹的初始斑点；艾尔弗雷德·赫斯对佝偻病和坏血病的研究硕果累累。

维也纳的莫里茨·本尼狄克和莫里茨·罗森塔尔是近代神经病学的先驱。艾米尔·雷德利希发现了瞳孔变化现象，并由他的名字命名该现象。曾寓居维也纳和纽约的奥托·马尔保在神经系统的病理学方面闻名遐迩。阿诺德·皮克对脑解剖的调研方面素有成就，他与路德维希·埃丁杰一起被认为是神经病学领域最杰出的研究者和教师。柏林的赫尔曼·奥本海姆是注意损失型神经病的第一人。

在皮肤病和梅毒方面，斐迪南·黑布拉和莫里茨·考波什闻名遐迩，他们不仅是维也纳大学的创建人，而且使黑布拉创立的新维也纳皮肤科学院成为现代皮肤病学的基地，他认为皮肤病与局部刺激有关，驳斥了流行的体液说。保罗·温那是汉堡大学的教授，他通过皮肤病病理学方面的解剖研究和生物化学研究，赢得了巨大声誉。因此，在德国将皮肤病学称为“犹太皮肤”。

19世纪伟大的外科医生中，现代腹部外科的奠基人比尔罗特的学生安东·沃尔弗勒也是犹太人，而且是最早施行胃切除术的医生。罗伯特·热尔苏尼（1844～1939）和尤里乌斯·施尼茨勒（1865～1939）是维也纳大学的学术领袖。柏林的詹姆斯·以色列是泌尿外科学的头号人物，奥托·祖克坎德尔也是在讲台上产生轰动效应的教师。马里奥·多纳蒂是意大利米兰大学的外科教授，一般被认为是该国这一学科的最高权威。

最有声望的妇科医生是恩斯特·韦尔特海姆和约瑟夫·霍尔本，较近时期则是本哈德·宗台克，他通过有他一半功劳的“阿谢海姆-宗台克反应”而声名远扬。

伟大的眼科专家有波兰布雷斯劳的教授赫尔曼、科恩和美国巴尔的摩的弗里登沃尔德，后者还以医学史专著而声名彰显；耳科学的领头人物是亚当姆·波利泽尔，他曾创立了一所驰名世界的弟子学校，其学生巴拉尼获 1914 年的诺贝尔奖。喉科学的代表人物是维也纳的卡尔·施特尔克及其学生哈吉克，在病理基础研究方面独树一帜。弗利克斯·西蒙爵士在英国喉科学方面同样首屈一指。

鲁道夫·海登海恩、莫里茨·希夫和雅克·勒布，都是近代生理学的先驱人物。希夫的突破性发现是“希夫氏胆汁循环”。他著有四卷本专著《生理学论文集》；而勒布则成功地搞定了孤雌生殖，证明了受精卵分裂的开始是受化学因素控制的，实际上与遗传性状的传递过程无关。

在普通病理学和实验病理学方面的伟大研究者是

萨洛蒙·斯特里克尔，他是维也纳大学实验病理学的教授；还有阿瑟·比德尔，他是德国大学的教授，他的关于内分泌学的著作在基础医学研究方面有重大意义。

三位伟大学者奠定了革命性的医学思潮，这思潮动摇了治疗方面的基础概念，他们是卡尔·魏格尔特（1845 ~ 1904）、保罗·埃尔利希（1854 ~ 1915）和奥古斯特·瓦瑟曼。魏格尔特引进了新的染色手段，在用显微镜观察人体组织的取样时提高了清晰度；埃尔利希揭示了免疫学与生物学的关系，开创了运用化学疗法治疗梅毒的新时期；瓦瑟曼有关毒素和抗毒素的专著《病原微生物手册》，是对免疫学最重要的贡献，此外他还因发现梅毒血清试验而名声大噪。

弗尔南德·维达尔（1862 ~ 1929）同样是一位佼佼者，他因研究伤寒热的反应而名扬四方，并研制出了一种预防伤寒和副伤寒的疫苗，有关伤寒热的反应被医学界命名为“维达尔氏反应”。

此后，犹太人对医学和生理学的贡献就主要集中于诺贝尔奖了，下面详细介绍。

1901～2001年犹太人获生理学和医学奖统计

犹太人在 20 世纪对生理学和医学的贡献太大了，1908 年，埃尔利希和梅契尼科夫因化学疗法和发现吞噬细胞首开获奖先河，后来的兰德施泰纳发现了人类的血型系统并研究出A，B，O血型的检验方法，弗莱明等人发明了青霉素，瓦克斯曼发明了链霉素……数不胜数，不妨列表如下：

时间	获奖人	国籍	获奖原因
1908年	保罗·埃尔利希	德国	因为免疫学和血清疗法方面的研究
	梅契尼科夫	原苏联	因为对免疫的研究，特别是提出免疫的“细胞理论”
1914年	R.巴拉尼	奥地利	从事有关内耳前庭装置生理学与病理学方面的研究
1922年	迈尔霍夫	德国	因为肌肉中氧消耗和乳酸代谢的关系的研究
1924年	爱因托芬	荷兰	因为发现了心电图的机理
1930年	兰德施泰纳	奥地利	发现了人类的血型
1931年	瓦尔堡	德国	发现了呼吸酶的性质和作用方式
1936年	奥托·勒维	奥地利	发现神经冲动的化学传递
1944年	厄尔兰格	美国	用电子技术研究神经活动并发现单一神经纤维的高度机能分化
	赫伯特·加塞	美国	
1945年	柴恩	英国	发现青霉素及其对各种传染病的治疗作用
1946年	缪勒	美国	发现X射线能诱发基因的突变
1947年	柯里夫人	捷克	发现肝糖的催化转变过程
1950年	赖希施泰因	瑞士	发现肾上腺皮质激素及它的结构对生物学的作用
1952年	瓦克斯曼	美国	发现链霉素

续表

1953年	克雷布斯	英国	发现柠檬酸循环
	李普曼	美国	发现辅酶A及其对中间代谢的重要性
1958年	莱德伯格	美国	发现细菌的基因重组和遗传物质结构
1959年	科恩伯格	美国	发现RNA和DNA生物合成机制
1964年	K.布洛赫	美国	研究胆固醇和脂肪酸的代谢机制
1965年	雅各布	法国	提出信使核糖核酸和操纵子理论
	雷沃夫	法国	研究病毒遗传组合而对分子生物学所做的贡献
1967年	沃尔德	美国	研究视觉生理特别是色素的成就
1968年	尼伦伯格	美国	研究遗传密码的破译取得的成就
1969年	卢里亚	美国	发现病毒的复制机制和遗传结构
1970年	阿克塞尔罗德	美国	发现儿酚胺类神经递质的代谢过程
	卡茨	英国	发现神经末梢传递物质的释放机制
1972年	埃德尔曼	美国	研究抗体的化学结构取得的成就
1975年	巴尔的摩	美国	发现肿瘤病毒与细胞遗传物质的相互作用
	马丁·特明	美国	
1976年	布隆伯格	美国	发现乙型肝炎的起源和传播机制

续表

1977年	耶洛夫人	美国	发现和发展放射免疫分析法
1978年	内森斯	美国	将限制性内切酶用于遗传组织和遗传工程所取得的成就
1980年	贝纳塞拉夫	美国	从事细胞表面调节免疫反应的遗传结构的研究
1984年	米尔斯坦	英国	确立有关免疫抑机制机理的理论，研制出单克隆抗体
1985年	布朗	美国	从事胆固醇代谢及与此有关的疾病的研究
	戈德斯坦	美国	
1986年	蒙塔尔奇尼	意大利	从事胆固醇代谢及与此有关疾病的研究
	S.科恩	美国	
1988年	埃利恩	美国	研究选择性抗代谢药物所取得的成绩
1989年	毕晓普	美国	发现了动物肿瘤病毒的致癌基因源于细胞基因，即所谓原癌基因
	瓦尔姆斯	美国	
1991年	E.内尔	德国	发明了膜片钳技术
	B.萨克曼	德国	
1993年	夏普	美国	发现断裂基因
	罗伯茨	美国	
1994年	吉尔曼	美国	发现G蛋白及其在细胞中传导信息的作用
1995年	威斯乔斯	美国	发现了控制早期胚胎发育的重要遗传机理，利用果蝇作为实验系统，发现了同样适用于高等有机体的遗传机理

续表

1997年	普鲁西纳	美国	发现了一种全新的蛋白致病因子朊蛋白，并在其致病机理的研究方面做出了杰出贡献
1998年	弗齐格特	美国	发现NO是心血管系统中传播信号的分子
2000年	坎德尔	美国	在人类神经系统信号传送领域做出突出贡献

通过资料可以看出，美国犹太人的获奖人数较多，德国犹太人次之。其实，二战前德国犹太人的获奖人数大大超过美国犹太人，但到了纳粹上台后，德国大量驱逐和屠杀犹太人，致使犹太人大量逃往美国，因此美国的科学水平突飞猛进，而德国战后只有一个犹太人获奖。由此可见专制体制是德国科学发展的最大敌人。

犹太医学的最大传统就是伦理和道德在犹太文化生活中占优势地位，尤其是公共卫生法和环境卫生法成为一种神圣的指令，即“信仰治病”。犹太人的医学史是犹太人的一部民族史，反映了他们的艰难历程和为争取解放及宗教自由的斗争史。犹太民族对医药科学和医学实践所做出的贡献，是成千上万的信徒、学者、烈士、教师和默默无闻的实践者——他们顺从上帝和犹太教道德律法理论的奋斗成果和智慧的结晶。一个追求知识、敬畏书籍的民族必将有无穷的潜力，在各个领域取得同样巨大的成就。

2002 年又有两位犹太人士获得了诺贝尔生理学和医学奖，一位是 78 岁的生物学家布勒纳，一位是 55 岁的霍维茨，另一位不是犹太人。他们因选择线虫作为新颖的实验生物模型，找到了对细胞每一个分裂和分化过程进行跟踪的细胞图谱而共同获得该奖。

目前在美国伯克利分子科学研究所的布勒纳，生于南非约翰内斯堡郊外的杰米斯顿。父母是犹太移民，父亲 20 世纪初逃出将被原苏联占领的东欧小国到伦敦后，没有足够的钱买去美国的船票，只好到南非。他父亲是皮革匠，家就安在皮革铺的后面。父亲一生不识字，更不会写字，却通几种语言。布勒纳 4 岁以前，邻居裁缝的妻子用她家做桌布的报纸教布勒纳认字，这是他的启蒙教育。大概 4 岁半时，父亲有个顾客麦卡特尼夫人见小布勒纳读书，对老布勒纳说应该送这小孩读书，父亲说读不起，她便把小布勒纳收到自己管的幼儿园去。这是一个早期发现布勒纳的才能而且帮助他的人，布勒纳到 70 多岁时还记得她。虽然比同班同学小 3 岁，布勒纳在学校成绩一直不错，不过从不是第一，大约前六名。据他说，小学、中学名次比他靠前的同学长大后智力平庸。布勒纳喜欢去图书馆，从小学起，一生读了很多书和文章，穷的时候偷过一本喜欢的书，对科学的兴趣也来自课外书籍。14岁时，他到威特沃特斯仁德大学读医学院，因为经济问题，虽然有奖学金，他课外还去打工（站在教堂给别人家庭悼念时凑名额），因为年龄太小，被要求多读两年。他先去拿了硕士学位，以后再取得医学学位。老师里有他喜欢的也有不喜欢的：给化学老师提意见被赶出过教室；而一位组织学和生理学老师和他一起读书，使他觉得智力受刺激。1951年他获奖学金到英国牛津大学念研究生，研究细菌的病毒：噬菌体。

1953年4月，在华生和克里克著名的DNA结构模型文章发表前不久，布勒纳在剑桥大学见到他们。之后布勒纳去美国访问过，也回南非工作过两年（1954～1956），但长期在英国剑桥大学的卡文迪许实验室（及衍生的分子生物学实验室），特别是和克里克有长期活跃的讨论和合作。布勒纳对分子生物学有多项重要贡献，是分子生物学开创者之一。他发现mRNA，是一项可获诺贝尔奖的工作。他研究遗传密码也有几个重要贡献。1961年，他在《自然》杂志有两篇论文，一篇关于mRNA，一篇关于遗传密码。在这样研究高峰的时刻，他和克里克开始考虑未来：1962年起，他们讨论了几年，认为分子生物学的框架已经有了，要开创新领域。布勒纳想研究发育和神经系统。他的想法是简单的动物，依靠遗传学，来理解发育和神经。1963 年,布勒纳提出用一种叫 C.briggsiae 的线虫研究发育和神经，他不断阅读文献和采集样本，到 1965 年找到叫 C.eliegans 的线虫。然后他和几个学生对这种线虫进行基本的解剖和遗传分析。他们发现这种线虫在研究上有许多优势：结构简单、透明、生活周期短、可以冷冻储存等，他们还证明可以用遗传学手段研究线虫，1967 年，他们获得第一个线虫遗传突变体。到 1974 年，布勒纳在《遗传学》杂志上发表了第一篇有关线虫的论文。部分因为有人因布勒纳喜欢上了不同学科，部分因为学生物的人中有许多人笑话用线虫做研究，布勒纳初期招的学生常出身数学、工程和化学。他认为背景不多的人更少成见，敢于冒险。20 世纪 70 年代加入线虫研究的人冒很大的危险，因不容易判断线虫能有多大用处。20 世纪 80 年代中，线虫研究在生物学界成为一个“热门”，到现在，世界上有许多研究线虫的实验室和科学家，在发育生物学和神经生物学中都有重要发现。布勒纳的得奖原因就是他开创用线虫做生物学研究材料，而不是某项具体研究工作。

霍维茨也是犹太后裔，出生于美国芝加哥，九年级在家里浴室里做过果蝇遗传的家庭作业。大学在麻省理工学院学数学和经济。研究生申请时从数学、经济到生物都申请了。他在哈佛大学做研究生是在华生、吉尔伯特和维伯联合指导的实验室，三人对他有不同教益：华生有极好的生物直觉；吉尔伯特会挑任何实验解释的毛病；维伯知道如何做出实验来。霍维茨单独发表4篇论文而毕业。后来霍维茨到英国加入布勒纳小组做博士后，开始和萨尔斯顿合作研究细胞谱系和用遗传学分析细胞谱系的机理。1977年，萨尔斯顿和霍维茨在《发育生物学》杂志发表线虫胚胎后发育的细胞谱系。1980年，霍维茨和萨尔斯顿在《遗传学》杂志发表用遗传突变的方法，发现一些控制细胞谱系的基因。1981年，萨尔斯顿和霍维茨在《发育生物学》杂志进一步分析影响细胞谱系的突变种。1983年，萨尔斯顿和其他合作者在《发育生物学》杂志报道线虫在胚胎发育期间的细胞谱系。至此，细胞谱系分析的主要工作，特别是发育和形态工作，已经结束，而分子生物学工作将很快跟上。其间，布勒纳的其他助手也进行了一些重要工作，包括怀特、赫吉科克和乔非等，所有这些论文，布勒纳都没有做作者。

1978年，霍维茨回麻省理工学院做助理教授，1981年升副教授，1986年为正教授。他主要用线虫做了包括发育生物学和神经生物学的许多试验。一个重点是细胞凋亡的分子机理，他用遗传突变的方法找到关键的调节细胞凋亡的基因。诺贝尔奖委员会引用的是他的女研究生爱丽思和他于1986年在《细胞》杂志发表的论文。其后他的实验室还发现了其他控制细胞凋亡的基因。这些基因被霍维茨实验室的研究生克隆和进一步研究，主要是袁均英（1977年以上海高考第一名考进复旦）和Hengartner等。霍维茨实验室的研究，推动人们理解细胞凋亡的分子机理，他们的结果和其他研究哺乳动物细胞凋亡的结果对比，发现细胞凋亡在不同动物用的是同样的分子，其机理也是相同的。高等动物细胞凋亡研究领域里，英国的Wiley和Kerr、澳大利亚的Vaux和Cory、美国的Korsmeyer等也有重要发现。细胞凋亡的生物化学机理研究的重要突破来自目前在得克萨斯州大学西南医学中心的王晓东实验室。

布勒纳、霍维茨和萨尔斯顿三者性格不同，他们的共同点是为科学做出了创造性的贡献。远在这次获得诺贝尔奖以前，布勒纳就被许多人认为是目前还活着的最聪明的生物学家之一。他极喜欢交流和讨论科学。他认为讲话和“用交谈来做实验对科学很重要”，他和克里克有长期交流。他也很幽默，有一段时间常常写俏皮的评论和忠告。1986年后他参与提倡进行人类基因组研究。

霍维茨不仅自己动手做研究杰出，他从1978年以来领导的实验室，一直是生命科学界最高产的实验室之一。他有多方面的重要工作，论文很多，他的实验室开创的对小 RNA 和嗅觉机理的初期研究，都有在将来达到诺贝尔奖高度的可能。霍维茨培养了许多出色的科学家，他的直接和间接的学生遍布美国主要大学和研究机构，也有在欧洲和中国台湾的，其中华裔包括北大毕业的韩珉和金亦石、复旦毕业的袁均英、科大毕业的薛定和台湾大学的吴怡春等（其中袁均英和薛定研究细胞凋亡）。

看来犹太人是越来越聪明了，这也是上帝的美好心愿。

五、经济学的香槟

理念是世界上最强大、最重要的现实力量。

——安·兰德

除了法律禁止的事情之外，个人能够做任何事；而政府官员除了法律允许的事情之外，他不能做任何事。

——安·兰德

犹太管理大师彼得·德鲁克在20世纪90年代初就指出，目前世界已经进入了“后资本主义”时代，后资本主义时代是一个“知识社会”，知识社会的价值原理将极大地不同于传统社会的价值原理，尤其是“知识社会”将不再承认“资产者”对“无产者”的阶级斗争，那里只有“知识者”与“无知识者”的差别。当然，也有人全盘否定今天的发展，尤其是针对发展中国家的状况，严重的贫富两极分化、自然资源的严重破坏和浪费、腐败现象和道德的沦丧……让人对整个社会没有安全感，既不敢吃饭（怕注水肉、地沟油、有毒米等)，也不敢呼吸和喝水(因为空气和水遭到严重污染)，也不敢上医院看病(不仅看病难，而且看病贵)，更上不起学、住不起房，因为学费和房价简直太贵了。那么，究竟如何判断一个社会是否发展了，如何继续推动社会经济的发展，则需要一套科学而行之有效的经济学方法。

在流派林立的当代西方经济学中，主要分为三大派：一派是以犹太人萨缪尔森、克莱因、莫迪里亚尼和索洛为代表的新古典综合派，这一派继承并发展了凯恩斯主义，是公认的“主流派”；第二派是以犹太人哈耶克和弗里德曼为代表的新自由主义经济学派；第三派是以犹太人库兹涅茨和西蒙为代表的以解决各种实际问题为目标的经济学家。

若从经济学研究的方法论入手来分类，在实用主义哲学影响下出现的两个主要经济学方法论流派是：

1. 以诺贝尔经济学奖得主赫伯特·西蒙和著名经济思想史家马克·布洛赫为首的波普尔实证主义方法论。这一学派的方法论以卡内基－梅隆大学为中心，培养了大批以“观察—归纳—分析—判断—预测”为科学方法进行经济研究的学者。

2. 以诺奖得主弗里德曼为首的芝加哥学派的工具主义方法论，它强调的是理论的“好用性”而非假设的“现实性”。他们认为，只要经济预测准确，太阳黑子周期也不妨被接受为经济波动现象的解释。但是也正因为理论假设可以不符合现实，因此理论建构极大地依赖理论研究者的个人直觉。在思想史上，这一方法是经由奥地利学派的路德维希·冯·米塞斯带给MIT学派和芝加哥学派的。

上文中提到的重要人物：赫伯特·西蒙、马克·布洛赫、波普尔、弗里德曼、米塞斯，包括加里·贝克尔，全部为犹太人，构成了诺贝尔经济学奖中的“犹太现象”，可见经济学完全是一个犹太人控制的领域。从1969年到2008年获诺贝尔经济学奖的犹太人如下表所示。

1969～2008年获诺贝尔经济学奖的犹太人

时间	获奖人	国籍
1969年	拉格纳·弗里希	挪威
1970年	保罗·萨缪尔森	美国
1971年	西蒙·库兹涅茨	美国
1972年	肯尼斯·阿罗	美国
1973年	瓦西里·列昂惕夫	美国
1974年	冯·哈耶克	英国
1975年	利奥尼德·康托洛维奇	苏联
1976年	米尔顿·弗里德曼	美国
1978年	赫伯特·西蒙	美国

续表

1980年	劳伦斯·克莱因	美国
1985年	弗兰克·莫迪里亚尼	美国
1987年	罗伯特·索洛	美国
1990年	哈里·马科维茨	美国
	默顿·米勒	美国
1992年	加里·贝克尔	美国
1993年	罗伯特·福格尔	美国
1994年	约翰·海萨尼	美国
	莱茵哈德·泽尔腾	德国
2002年	丹尼尔·卡尼曼	美国、以色列
2005年	罗伯特·奥曼	以色列、美国
2007年	赫维茨	美国
2008年	保罗·克鲁格曼	美国

从上表中可以看出，截止到 2008 年，共有 22 名犹太人获得诺贝尔经济学奖，犹太人占诺贝尔经济学奖获得者人数的比例为 36%（在 2002 年以前比例高达 48% 以上），而犹太人占世界人口总数不到 0.3%。这一现象让全世界为之瞩目和思考：犹太人为什么那么聪明？还有反犹主义者说："经济学家啊，荣耀归于你和犹太佬！"

在一段时间内，反经济学理论和反犹太主义成双成对地出现，犹太人经常被他们自己和非犹太人、反犹分子和亲犹分子同时认定与这些令人不快的事物联系在一起：市场、普世主义、自利、理性主义和唯物主义。因此，右翼反经济学理论家视犹太人为颠覆分子或篡夺者；左翼反经济学理论家认定犹太人掌握了社会秩序；民族主义的反经济学理论家认定犹太人败坏了民族精神；宗教的反经济学理论家把犹太人看成贪婪者；唯物主义的反经济学理论家认定犹太人是财富的奴隶；非理性主义的反经济学理论家则把他们看成装载着"死气沉沉"的理性主义的容器。甚至一些右翼反经济学理论认为犹太人侵害或篡夺了旧秩序，犹太人是"高利贷者"，是基督教的敌人，是颠覆旧秩序的"犹太恶魔"和霸占古老贵族的"犹太瘤子"；还有人称罗斯柴尔德家族和犹太人是"冷血屠夫"；某些左翼反经济学理论家则认为犹太人是当代社会秩序的当权者，是"这个时代的国王"，使"欧洲置于以色列的统治之下。无数征服者梦想的普世统治，最终落入犹太人的手中"。

有人宣称，"拿破仑的真正继承者是犹太人"。马克思也在思考相似的主题。离开犹太人的支持，沙皇尼古拉一世和弗朗西斯·约瑟夫皇帝都无法生存，"犹太一帝国主义者"已经牢牢控制了全球的经济命脉。还有人指责犹太人并不"劳动"，只会动脑筋和买与卖。松巴特认为，将脑力劳动提升到"艰苦的体力劳动"之上，是犹太人的根本特征之一。反犹分子科贝特则认为，“犹太人不从事手工劳动，却将伦敦变成了商业中心”。连著名的文学批评家卡莱尔也说：“犹太人是坏人。那些不知廉耻的犹太人是什么呢，招摇撞骗的犹太佬？”他站在罗斯柴尔德的住宅之外，“品味着总有一天会落到他们身上的正义惩罚”。

在民族主义的影响下，蒲鲁东抱怨“这个到处游荡却从不加入其他民族的种族毒害了一切事物……他们是人类的敌人，必须把这个民族送回亚洲或者令其灭绝”。他还说：“犹太人从性格上来说是抵制生产的人。他们既不是农民也不是企业家，甚至也不是真正的商人……他们只知道价格的涨跌、运输的风险、农作物产量的不确定和影响需求供给的危险。在经济学上，他们的策略总是完全的消极、完全的高利……”

总之，如前所述，犹太人被很多人等同于市场、普世主义、自利、理性主义和唯物主义，甚至还有人认为“政治经济学”是“天才的犹太人”“详细规划出来的”，“经济人”以夏洛克为典型。恩格斯说，犹太商人最喜爱的科学就是政治经济学。那么，究竟是什么原因造成了诺贝尔经济学奖中的“犹太现象”呢？类似的问题还可以问一大堆，因为犹太人在各个领域的伟人和名人真是太多了，而且在许多领域都独领风骚。

萨缪尔森是1970年获诺贝尔奖的犹太经济学大

师，其代表作是两卷本的《经济学》，几十年来在中国的经济学界和大学经济系的学生中长销不衰，在枯燥而严肃的经济学理论背后，跳跃着一颗幽默而思维活跃的心，不妨请看他在随笔集《中间道路经济学》一书中的箴言妙语：

知识分子所能做的，就是读书、写书、谈论书和思想……对于知识分子，人们抱怨说，虽然每一位知识分子最多只有一只鼻子，但是，知识分子作为一个整体对社会产生的影响，与他们的人数很不成比例。应该说这种指责是公正的。在这方面，知识分子就像财阀富豪。每一位富豪也只有一只鼻子，然而，因为金钱享有发言权，并且能够主宰听证会，所以，那些拥有经济实力的人们，肯定要在一个民主政治制度中发挥一种不成比例的影响。其他绝大多数人唯一能够采取的自卫措施，就是他们的鼻子以及他们在普选中投票的影响力。

就更深的层面而言，一个人并非只为获得同僚间的美名与赞誉而工作，也不只为个人乐趣或探索之乐而工作。就更深的层面而言，某位生理学家的对手并不是哥廷根或牛津的某位医生，他的对手是癌症。经济学家说到底也是如此。客观现实就在彼岸，纵然千辛万苦，我们也要设法了解它。如果一个人厌倦学术圈的勾心斗角，如果他目睹民主与文明在身旁崩溃，那么他总是可以退下来，对现实进行客观研究。复杂的数字不会有假，即使闹牙疼，最佳的止痛剂也莫过于把经济周期这个难题或复杂的控制论快速地演练五个回合。

从萨缪尔森的话语中就可以看出，犹太人非常喜爱读书、写书、谈论书和思想，具有一个真正的知识分子的责任感。实际上，如果没有知识分子的精神，也成不了一名真正的经济学家。

一百个犹太人有一百种经历，有一万种思想，有一千种成功方式，每个人的成功秘诀同别人都有所不同，没有机械化的规律可循。下面是另两位犹太人诺奖获得者的生命感悟，让我们再次分享：

剖析自我并不是一件很令人舒适的事。人们既期望尽可能最好地表现自我，又担心名不副实，这两者之间的分寸不容易把握。我将努力遵循夏洛克·福尔摩斯这位杰出的侦探的箴言，在那个也许是他唯一一次因过度谦虚而被人指责的场合中所说的话："我亲爱的华生"，他说，"我不能同意那些将谦逊与其他美德相提并论的观点。对于逻辑学家来说，所有的事都应该实事求是，低估自己与夸大自己的能力，都一样背离了真理”。

——肯尼斯·阿罗《自我剖析的分寸》

我认为，“个人崇拜”的现象正在慢慢侵蚀我们的文化。你可以看到这种现象最危险的情况是在总统大选上，似乎候选人的眉毛比他的政见更重要。我真想把这样的现象归咎于电视，因为电视是谈眉毛而不是谈经济理论的最佳媒体。但是那种技术决定论的观点也不会解释一切：它把这个任务交给了我们，即用心理学分析解释所有事情，比如，关于人物的畅销书的成功，非小说类畅销书籍前10名中有7本是传记类的书，附有里根先生和撒切尔夫人的“个人关系”的重要性（当然我不是指在里根总统与撒切尔首相之间！）等等。那里必有很深层次的东西在其中。幸运的是，当谈到对个人的兴趣时，学院派的经济学家似乎有着较大的比较劣势。以我和巴巴拉·沃尔特斯（美国著名电视女记者）为例，即使她有话要和我说，我看我也没有什么好和她说的。反正一句话，刚刚我所说的个人崇拜，已经成为文化衰退的一个象征。

——罗伯特·索洛《个人崇拜的危害》

每一个犹太人，最多只有一个鼻子，但是作为一个民族对世界产生的贡献和影响，同他们的人口是不成比例的。有时候，正因为犹太人太成功了，在任何领域都享有发言权，似是主宰了全世界的发展，才反倒引起了很多人的反感和嫉妒，这是很正常的。作为犹太人来说，唯一的自卫措施就是闭紧自己的嘴巴，让自己不再聪明，或到火车站去继续流浪。只有这样，他们才能分散人们的注意力和抵消人们的愤怒。问题是，一旦犹太人再次流亡了，上帝还会选择新的选民吗？正如萨缪尔森所言："早就有智者指出，不陷入泥潭，就不能登上顶峰。"

六、“我是所有他人的人质”

戏剧中的真理总是难以捉摸的。你可能永远也不会找到，但是对真理的寻求却是必须的。

——哈罗德·品特

政客们所用的政治语言不敢斗胆进入这一领域，因为根据我们掌握的证据，绝大部分政客感兴趣的不是真理，而是权力以及维护那种权力。为了维护那种权力，人民必须处在无知的状态之中，他们必须生活在对真理的无知当中。因此，包裹着我们的是一张巨大的充满着谎言的挂毯。我们就生活在这些谎言之中。

——哈罗德·品特

不管你相信什么，你都会死掉；但是，假如你什么都不相信的话，那么对活人来说，你已经死了。

——凯尔泰斯·伊姆莱

艺术与其说是更好的、不如说是一种可供选择的存在，艺术不是一种逃避现实的尝试，相反，它是一种赋予现实以生气的尝试。艺术是一个寻找肉体却发现了词的灵魂。

——布罗茨基

从未有过的无聊和空虚。我记得在卡夫卡的日记中有这么一句话："种种花吧。未来已经没有希望。"至少，他还可以种种花。我想他还是有东西可写的。但是，我却连一点灵感都找不到了。

——贝克特

2005年10月13日，快到中午的时候，3天前刚刚过完75岁大寿，因癌患初愈而行动不便的哈罗德·品特，正待在他伦敦的家中。11点40分，电话响了，话筒那边有人告诉他，诺贝尔委员会主席要跟他通话。

"为什么？"品特问。

主席在那头接过电话，向他郑重宣布："您获得了诺贝尔文学奖。"

"我啥也说不出来，就这么呆了好几分钟"，品特事后回忆道，"可此事让我深受触动，尽管我一时没回过神儿来。我不知道他们为什么给我这个奖。"20分钟后，即当地时间正午12点，瑞典学院正式对外宣布了品特获奖的消息。时为北京时间晚上7点整，我坐在家中的电脑前，不停地按着键盘上的F5，疯狂地刷新着诺贝尔奖官方网站的首页，过了一两分钟——不是整点，页面上方正中一小块内容突然变成了：哈罗德·品特。

哈罗德·品特是一名英国犹太人。到2001年共有12名犹太人获诺贝尔文学奖，占获奖总人数98人的12.24%。2002年，73岁的匈牙利犹太人凯尔泰斯·伊姆莱获得了诺贝尔文学奖；2004年，奥地利犹太女作家耶利内克又获得了诺贝尔奖；2005年，英国犹太人哈罗德·品特再次获得诺贝尔奖。此外，还有几位犹太作家菲力菲·罗斯、米兰·昆德拉、诺曼·梅勒、库特·冯尼格成为诺贝尔奖最有力的候选人。有趣的是，耶利内克和哈罗德·品特都未出席诺贝尔颁奖典礼。耶利内克的缺席理由是患有“严重的广场恐惧症”，不敢在大庭广众之下露面；品特的缺席理由是正处于食道癌的术后恢复期，并摔伤缝了9针，不过，他将派自己的出版人代为领奖。

获诺贝尔文学奖获奖犹太人名单如下：

时间	获奖人	国籍
1910年	保尔·海塞	德国
1927年	亨利·柏格森	法国
1929年	托马斯·曼	德国

续表

1958年	帕斯捷尔纳克	苏联
1966年	约瑟夫·阿格农	以色列
	奈丽·萨克斯	瑞典
1969年	塞缪尔·贝克特	爱尔兰
1976年	索尔·贝娄	美国
1978年	艾萨克·辛格	美国
1981年	埃利亚斯·卡内蒂	英国
1987年	约瑟夫·布罗茨基	苏联
1991年	内丁·戈迪默	南非
2002年	凯尔泰斯·伊姆莱	匈牙利
2004年	耶利内克	奥地利
2005年	哈罗德·品特	英国

共有 15 名犹太人获得了诺贝尔文学奖，形成了诺贝尔文学奖历史上独特的“犹太现象”。

犹太人的标签不比诺贝尔奖的桂冠能够带来美金和声望，更多的时候，它与苦难、流浪、屠杀、死亡等联系在一起。无论是托马斯·曼、帕斯捷尔纳克、阿格农、卡内蒂、布罗茨基还是凯尔泰斯·伊姆莱，他们都因自己的犹太身份而历尽磨难、到处流浪。面对着世界的黑暗和苦难，他们要么是绝望，要么是在忍耐中等待着弥赛亚的拯救，要么是被同化，要么是反抗……而这一切就构成了独特的“犹太性”和丰富的主题，这些主题恰恰蕴含了文学的本质。再加之他们到处流浪，和西方文化进行了大规模的整合与融汇，从而使他们的创作构成了对人类所有困惑和普世价值观的解答。

此外，犹太民族是世界上最不擅长遗忘的民族，他们通过对自己民族所遭受的杀戮、追逐、逃亡、暴力、死亡和被同化与异化，保留了鲜活而深刻的民族记忆，体现了对全人类的哲学关怀。

勒维纳斯在《塔木德四讲》中写道:“在弱肉强食的当今世界，自由就意味着责任，因此，自由是非常艰难的，没有戒律的人类更加可怕。”犹太人由于永不放弃其戒律并追求信仰的自由，从而招致了苦难，但是在苦难中又更加向往自由，构成了“自由的悖论”，犹太教的真谛就是——“我是所有他人的人质”。让每一个犹太人深深体会到世界的黑暗和生命的无常，这就是解开诺贝尔文学奖“犹太现象”的一把钥匙。

七、“将刀打成犁头，把枪打成镰刀”

如果和平这个理想将成为我们共同的命运的话，那么实现和平将成为我们共同的经历。认识到这点，各国领导人就必须牢记，他们所做的关于战争的政治决定，日后将由带给他们人民的困难或幸福来评说。

——基辛格

就像“世界”不可怜数千头被赶到芝加哥屠宰场的围栏中去宰的牛一样，它同样不怜惜那些在特里布林卡被当作羊一样的成千上万的人。世界并不怜悯被屠杀者，它只尊敬那些战斗着的人。

——贝京

我是从军27年的老兵，打了这么长时间的仗，那是因为过去我别无选择。但是，今天和平的机会来了，为了今天在这里和不在这里的人们，我们必须抓住这个巨大的机会……我一直相信，绝大多数人是要和平的，并准备为此付出代价。

——拉宾

到本世纪末，我们可以看到：友善可以比强权取得更多的成就；看电视的年轻一代可以将他们的命运与其他人的幸运或不幸相比较。他们在现实的生活中可以看到自由，看到和平，看到繁荣。他们知道只要加倍努力工作，就会获得更多……耶和华说："日子已到，耕种的必接续收割的，踹葡萄的必接续撒种的，大山要滴下甜酒，小山都必流奶。"

——佩雷斯

最纯粹的写作是那些献给我们子孙的苦难、苦恼与死亡的写作——以及由那些孩子自己写下的作品。他们的词句比其他人的更使我们接近那经历——他们的词句就成了经历。我们的孩子们是刽子手的根本目标；他们永远如此。法老始于杀婴，哈曼也是如此，希特勒更是如此。

——威塞尔

如果大国之间爆发战争，谁能保证它不会发展成为这样一场毁灭性的斗争？所以，任何一个投入全面战争的国家便预兆着自取灭亡，并使全世界遭到灾难……所以，一切国家必须自愿地做出决定，废弃以武力为对外政策的最后手段。因为，如果它们不准备这样做的话，它们将不复存在。

——《麦瑙宣言》

诺贝尔和平奖对于人类的意义之大，无可非议，但这个奖恐怕也是诺贝尔6个奖项中争议最大的奖项。这是由于和平奖同政治、意识形态和文化价值观的关系太近，不同判断标准的人定会产生不同的看法，有争议非常正常，但大部分和平奖得主还是得到世界人民的认可。

从1901年到1995年，获诺贝尔和平奖的个人共有82人，其中犹太人有9个，占个人获奖总数的10.98%，是6项大奖中所占比例最小的一项。名单如下：

时间	获奖人	国籍
1911年	阿赛尔	荷兰
	弗里德	奥地利
1968年	卡森	法国
1973年	基辛格	美国
1978年	贝京	以色列
1986年	威塞尔	美国
1994年	佩雷斯	以色列
	拉宾	以色列
1995年	罗特布拉特	英国

阿赛尔的获奖理由是，因为他是一位注重法律实

践的政治家和国际关系法研究的先驱；

弗里德的获奖理由是，因为20年来勤劳地用他精湛的文学捍卫和平；

卡森的获奖理由是，因为对捍卫人的价值和人权，并发起制定《人权宣言》所做出的贡献；

基辛格的获奖理由是，因为对越南停火谈判成功所做出的卓越贡献；

贝京的获奖理由是，因为1978年9月17日与埃及总统在戴维营签订了两个著名的协议，为中东和平做出了贡献；

威塞尔的获奖理由是，因为在反对暴力镇压和种族歧视方面所做出的贡献；

佩雷斯和拉宾的获奖理由是，因为1993年9月13日在美国首都华盛顿签署的巴勒斯坦以色列和平协议，在结束巴以流血冲突、促进中东和平方面做出重大贡献。

罗特布拉特的获奖理由是，因为对防止核战争和永久禁止使用核武器方面所做出的重大贡献。

可惜的是，由于篇幅所限，这里只能简单介绍，无法详细描述。如果有可能的话，笔者将在下一部专著《犹太文明史纲》中努力弥补，欢迎读者关注。

但愿和平的曙光能够照耀全世界的每一个角落。阿门！

第三章 学习是一种信仰

犹太的文化传统告诉你两种知识：第一，用今天的磨难去换取明天幸福的信念；第二，尊重教育的价值。

书架和书在犹太人家庭中占据着一个重要的位置。

珍爱书籍成为犹太家庭的一个特征，即便是那些没有强烈宗教信仰的犹太家庭也是如此。

成功需要学习和实践。

犹太人在用自己的劳动成果进行食品交易时，要背诵一段著名的祷告。人们通过这些言语来感谢上帝创造出这些不完善和拥有众多需求的人。这些祷告让犹太人意识到，满足别人的需要或帮助别人弥补不足，是一种值得尊敬的生活方式。当你满足了顾客、消费者和老板的需求，无论你是一名拉比还是一名宗教组织者，接受报酬是理所当然的事，因为这些钱是你满足别人需求的见证。

——犹太拉比丹尼尔·拉平博士

一、书是犹太人生命的一部分

先讲一则故事：

一个来自外地的年轻人来到纽约，要去哥伦比亚大学，大家七嘴八舌地告诉他怎么走，结果他更不知道该怎么走了。幸运的是，他又看到一位学者模样的老先生走了过来，于是他上前问路。

老先生想了想，然后回答说："学习，年轻人，要不断地学习！"

这一段话再一次阐明了学习在犹太人心目中的位置，可见犹太人无时不在学习。《塔木德》说："知识是最可靠的财富，是唯一可以随身携带、终身享用不尽的财产。即使变卖一切家当，使女儿能嫁给学者也是值得的；为了娶学者的女儿为妻，纵然付出所有的财产也在所不惜。"

可见，犹太人真正的成功秘诀还是在于学习。犹太人作为一个四海为家的流浪民族，拥有的真正财富，其实就是知识。正如《塔木德》所言:“那些循规蹈矩的人突然放弃了学习，去宣扬树木或休耕的土地有多么美，实际上是放弃了他的生活。这意味着过分敏感于外部世界会使人陷入歧途。”

丹尼尔·拉平博士不仅是美国著名的犹太学者，同时也是乔治·布什总统的顾问，他在其号称“犹太财商第一书”的著作中讲过这样一件事:

一位美国女人由于卧室中拥有大量的书籍而十分烦恼，于是决定将书挪出，让自己至少拥有一个整洁的房间。刚好在这个时候，一个向她女儿求爱的年轻犹太人第一次拜访她家。她们把他迎入收拾整洁的房间，热情款待他。女儿婚后，女婿和岳母聊天，说他在第一次拜访她家时，竟然看不到任何书的影子，当时差点转身离去，他的第一反应是，担心和这个没有书的家庭找不到任何共同语言。

足见，书已经成为许多犹太人生命中的一部分。讲这个故事的拉平博士，不仅是一家商业研究机构的总裁，而且运用古老的犹太经商智慧为安利、诺德斯特龙和波音公司等许多高级领导每年举办 50 多场演讲，宣扬经济自由的道德与精神价值，并深受欢迎。

二、拥有追求成功的动力

首先讲一个故事，看一个犹太人如何将75美元变成100万美元。

弗里德曼得到一个消息，在市区的垃圾场旁边有一块没用的土地要卖，只需要出价75美元就可以买下来。于是，他找亲戚借了75美元，承诺在一年之内偿还。

弗里德曼买下这块土地后，整天在垃圾堆上翻来翻去，将有用的东西放到自己的土地上，然后再把这些东西卖给收废品的商人。接着，他又买来了块更大的土地，然后又把它卖掉，赚了一笔钱。接着，他用这笔钱盖了两幢住宅大楼，不到半年，他就赚了10万美元。

不久，他又有一个机会，可以开发市郊的一块土地，使自己的财产迅速翻了许多倍。到了12个月的最后一天，他把自己已经赚的120万美元投资在一栋50层楼高、估价达到1亿美元的建筑上。当他签署完所有合同的两个小时后，却发生了一场地震，这幢大厦变成了一片废墟。

然后，他伤心地去找亲戚，并道歉说："我想我不是什么做生意的材料，把借您的75美元全部亏掉了！"

很显然，弗里德曼完全具有精明商人的天赋。只是，在自然灾害面前，任何人都难逃厄运。唯一的遗憾是，弗里德曼忽略了给建筑物上保险，一旦有保险，他就不会一无所有。当他失败以后，他没有充分认识到自己的价值，已经没有东山再起的信心和动力了，这是最大的悲哀。

那么，犹太人在各行各业中都取得了显赫的成功，他们追求成功的动力究竟是什么？

大导演斯皮尔伯格说："我在凤凰城长大时，没有任何犹太人朋友，我觉得自己是学校里唯一的犹太小孩。我记得圣诞节时，我会感到一种羞辱，因为在我们住的街道上，只有我们家没有任何装饰，只有一盏门灯在亮着。"

显而易见，作为犹太人有一种另类、边缘、孤独和西方文化"局外人"的感觉。犹太人在努力保持自己文化特征的同时，总是努力争取别人的认同，这正是他们追求成功的动力。即使在反犹太主义最不严重的美国，犹太人在心理上仍然觉得和主流社会有点隔离。在向别人证明自己能力的过程中，他们努力寻找新的方法，寻找新的创造，因而获得了成功。正如作曲家罗杰斯的女儿所言："我知道自己一直不愿意当个犹太人，但我也不喜欢因为自己是个犹太人而遭人厌恶。"

犹太教教义强调，"个人有责任为自己的行为和深入的自我教育负责"，所以犹太人希望能够掌握自己的命运，并同时接受其他犹太成功人士为自己的榜样。经验告诉犹太人，依赖别人可能很危险，因为政治风向可能随时改变，如果你能够自立自强，就能够把握自己的命运。再加上反犹太主义的排斥，犹太人努力向全世界各个领域证明自己。正如《塔木德》所言："当压力出现，迫使我们改变自己的法规时，我们要不顾一切地战斗，即使面临强敌也要战斗，生命不息，战斗不止。"

犹太人有句格言："一切都太正确时，一定有什么东西有问题。"也就是说，人生不应该一帆风顺，一旦一切都很顺利时，恐怕就不正常了，人们总是有理由保持警惕。这不仅是一种居安思危的"危机意识"，更是一种绝对不满足于现状的心理。所以，许多犹太人积极行动起来，成为"工会积极分子"和共产主义激进思想家和革命家。马克思、拉萨尔、伯恩斯坦、卢森堡、托洛茨基等一大批犹太积极分子的出现，正体现了他们反抗压迫，反抗剥削和权力，设法改变现状的伟大动力。

爱因斯坦说过，宇宙、宗教、经验是科学研究背后最强大、最高贵的动力。尤其是斯宾诺莎的泛神论出现后，以爱因斯坦为代表的一大批犹太科学家，努力投身于揭示大自然的奥秘，因此在自然科学领域取得了无数发明和创造。在美国人所获得的诺贝尔奖中，犹太人占获奖总人数的31%。足见这些犹太科学家个个才智超人，个个具有“追根究底”的科学精神，是揭示大自然秘密的先锋。

索罗斯是有史以来最成功的国际金融家，1999年，他的财产估计有40亿美元。他被世人指责为投机客，他在1992年炒作英镑，1997年炒作亚洲国家的货币。他的量子基金使他富可敌国，远远超出他在自家阁楼中躲避纳粹搜捕时的想象。他在一本书中写道：

“我以身为犹太人为荣，尽管我必须承认自己几乎花了一辈子的时间，才体会到这一点。我一直受到自尊心低落的困扰，这是主张‘同化犹太人主义’的祸根，是一种沉重的心理负担。只有在我承认自己成功时，才能够卸下这种重负。我认同自己的犹太血缘就是认同自己为少数民族，我相信‘犹太天才’这种说法。你只需要看看犹太人在科学、经济生活或艺术上的成就就知道了。这是犹太人超越少数民族地位，努力取得卓越成就的结果。犹太人学到从许多不同的观点，甚至从最矛盾的观点考虑问题的智慧。身为少数民族，犹太人等于被迫要用批判性的方式去思考。如果我身上有什么‘犹太天才’，完全是因为我有批判性思考的能力。就这一点而言，犹太血缘是我性格中的一个基本因素。我刚才说过，我对这一点很骄傲。我也知道在我的思想里，有若干成分的犹太乌托邦主义。我和我的基金会是那种传统的一部分，这也是欧盟的观念让我如此兴奋的原因。在欧洲联盟里，每一个国家都是少数，这一点就是这个观念如此具有吸引力的原因。”

在这一段短短的话语中，既道出了索罗斯作为一个犹太人的自豪感，也显现出他作为一个犹太人的自卑感；既揭示了他及其他犹太人追求成功的动力，也抒发了他作为一个犹太人对保存犹太传统文化的历史使命感。这就是作为一个成功的犹太人对新一代犹太人寄予的厚望，同时也显现出他对犹太民族所面临的同化问题的最大困惑和隐隐担忧。正如一位美国记者所言:“反犹太主义的失败代表着‘同化犹太人’的成功，犹太人的成就消除了障碍，却也‘消除’了犹太人自己。自20世纪80年代中期以来，犹太人结婚对象当中，一半以上是非犹太人。”

三、修复残缺的世界

按照神学的观点，上帝创造人是有顺序的：第一天创造了光，第二天创造了空气，第三天创造了水和各种蔬菜，第四天分开昼夜和节令，第五天创造出大鱼和各种鸟类，第六天造出昆虫和各种野兽，然后才开始造人。

神说："我们要照着我们的形象，按照我们的样式造人，使他们管理海里的鱼、空中的鸟、地上的牲畜和土地，并地上所爬的一切昆虫。" 神就照着他的形象造男造女。神就赐福给他们，又对他们说："要生养众多，遍满地面，治理这地；也要管理海里的鱼、空中的鸟和地上各样行动的活物。"神说："看哪！我将地上一切结种子的菜蔬和一切树上所结有核的果子，全赐给你们作食物。至于地上的走兽和空中的飞鸟，并各样爬在地上有生命的物，我将青草赐给它们作食物。"事就这样成了。神看着一切所造的都甚好。有晚上，有早晨，是第六日。

上帝对自己创造的世界非常满意，用《圣经》的话说就是，“事就这样成了”，“神看着是好的”，让一切都“各从其类”。第七天是安息日。紧接着，上帝又在东方立了一个伊甸园，并让他创造的人“亚当”修理和看守伊甸园，还担心亚当寂寞，在他沉睡之际，从他身上取下一条肋骨，造了一个女人陪伴他。

上帝是一个伟大的理想主义者，他认为世界就应该从此美好，万事万物按照自己制定的秩序“各从其类”，这就是一个和谐的世界。但万万没想到，女人经不起蛇的诱惑，怂恿亚当吃了善恶树上的果子，从此破坏了和谐的秩序，这使上帝很伤心，也很生气。

这个和谐的秩序，从犹太教的角度说，就是以《摩西十诫》《托拉》《塔木德》中的613条诫律为基础的。“不杀人、不奸淫、不偷盗、不做假见证陷害人”等，构成了人类永恒的戒律和道德基础，只要人类不遵守这“十诫”，社会就不会和谐，人类就会走向灭亡。

法律的本质就是道德，道德的延伸就是法律，道德和法律构成了和谐世界的基础。所谓的道德，用苏格拉底的话说，就是“我们应当如何生活”。用康德的话说，道德的最高原则被称为“绝对命令”，从最高原则中可以产生人们所有的责任和义务。康德认为，人类有着“本质的价值”，例如有尊严，这使他们具有“无上价值”。但是，人类是有理性行为的人，要用理性来指导自己的一切行为。如果没有理性的存在，世界的道德维度就会消失。这意味着，在最肤浅的层次上，我们对他人有严格的仁慈责任：我们必须为促进他们的福利而努力；我们必须尊重他们的权利，避免伤害他们，并且通常总是“努力尽我们所能，促进其他人的目的的实现”。因此，和谐社会的基础是政府尽可能为人们谋福利和尊重每个人的权利。

犹太教及其改善世界的目标差不多始于4 000年前，是随着亚伯拉罕和一种革命性的思想——一神教的出现而开始的。亚伯拉罕获得的这一启示使人在宇宙中的位置发生了变化，人的使命也发生了变化：异教徒的宗教通过享乐主义和“一切以人为中心”降低了人的地位；一神教则提升了人的地位，将宗教关注的焦点从“自以为是”转移到“因行称义”上——人只有执行上帝的戒律，体现自己的仁慈、善良、谦恭和同情，才能为世界带来正义、和平与和谐。

《塔木德》说，当一个人死后升入天堂，他会被问道：

你是否诚实地工作着？

你是否腾出时间用于学习？

你是否参与繁衍后代的生殖活动？

你是否努力地自救？

你是否探讨智慧的哲理？
你是否深入探求事物的本质？

只有每天追问自己这些问题的人，才有可能领到去天堂的钥匙。成功是犹太人的一项无穷无尽的任务，他们要努力奋斗，摆脱一切艰难困苦，去修复破碎而不够和谐的世界。这也是犹太人强调教育、重视学习的原因。这一责任和使命，激励着一代又一代的犹太人，去救济他人、改善环境，为受压迫者寻求公正，让世界变得更加美好。在犹太人的心目中，成功不应以一个人获得财富的多少来衡量，而应以他在成功的路上克服的困难来衡量，以及在真正成功后成为一个什么样的人来衡量。成功意味着充分发挥自己的潜能，并利用自己的力量去改善残破的世界，从而实现道德的完善和精神的超越。

《托拉》历来教导人要充分地珍惜生命："我将生死、祸福陈明在你面前，所以你要拣选生命，使你和你的后裔都存活"，而"无论谁拯救了一条生命就是拯救了整个世界"这句话，所强调的则是每一条生命的价值。

犹太教对生命的尊重及其传递给全人类的信息体现了"修复世界"的最终目标。《圣经·以赛亚书》(2:4）教导说："他们要将刀打成犁头……这国不举刀攻击那国，他们也不再学习战事。"这一重要教诲如今镌刻在了联合国总部所在街道对面的拉尔夫·巴赫公园的一堵用以赛亚命名的墙上。追求和平是犹太教的核心，也是对希望“修复世界”的人们的激励，因为选择活着意味着无论在和平时期还是战争时期都要尽力保存生命。也许犹太教对生命的高度尊重，以及认为每次拯救一个人也是在拯救“整个世界”的使命观，正是众多的犹太人进入这一“修复行业”的原因之一。迈尔斯·D. 斯多福说：

> 几乎每一个所谓“修复性”职业中，如医学、心理学、法律和道德标准的制定、对年轻人的教育或是对公众思想的塑造等，“圣书之民”——犹太人都让世人深深感受到他们的存在。无论这些研究者、从业者是否是犹太教的虔诚信徒，他们似乎都在履行“犹太人的使命”：“努力使我们的世界成为一个更加美好的居住地……”

因此，大多数犹太人真诚地意识到他们生活必须要有意义。生存于世不是为了逃避死亡，而是为了拥抱生活。所以当犹太人离开这个世界时，他留下的远远不止是沙滩上的脚印。社会期望他为后代——自己以及他所生活的那个社会的后代，留下不可磨灭的贡献。

犹太哲人希勒尔说：“我不为我，谁会为我？若只为我，我为何物？此时不为，更待何时？”

一个人如果重视自己、尊重自己，他就会期望为自己获得最好之物——最好的医疗护理，最好的生活。如果一个人有义务，如希勒尔所说，不只为自己，那他就会像提升自己的需求一样，为提升人类的需求而努力。

犹太教承认人类自私和自我放纵的本性，并以此促进性格的发展。自私的对立面是无私。自私和无私就像蝴蝶一双对称的翅膀，看起来互相排斥，然而，一旦轻轻地共同振动起来，就可以令蝴蝶优雅地飞翔在空中。

四、成为专家和企业家

如果预测会出现一次大的洪水，大雨连下5天，人类即将被再次淹没。

佛祖会对全世界的佛教徒说："坐禅冥思，准备下一次的投胎转世。"

天主教的教皇会告诉他的教众："忏悔你的罪恶，并为未来祈祷。"

以色列的大拉比则会发表电视讲话："我们还有5天的时间，准备练习如何在水下生活。"

再有：

一位犹太妈妈带两个小男孩走在街上。路人问她："小孩多大了？"

妈妈回答说："医生3岁，律师2岁。"

这两个笑话表达的意思不尽相同，第一个笑话说明，犹太人虽然也相信上帝的存在，也相信上帝会拯救他们，但他们更务实、更理性，为了欢迎上帝的拯救，提前练习水下生活。同时也对上帝提出了质疑，既然您是万能的，为何还要发大水，再次淹没人类？所以，犹太人不仅没有绝望，而是站在历史和道德教训的基础上，继续维护他们勤奋好学的传统，提前适应水下的生活，迎接灾难的来临。第二个笑话就更直接，犹太人从小就立志当医生和律师。因为在犹太人的心目中，上帝最重，其次是拉比，然后是医生、律师和法官，最后才是商人。所以，美国的犹太人一般将自己限定在以下三种职业：律师、医生与企业家，这些职业都是受人尊敬的职业，同时又是收入较高的职业，犹太人希望自己的物质生活能够好一点。

第一次世界大战后，犹太人只占波兰人口总数的10%，但鞋匠中的40%、裁缝中的80%，商人中的50%是犹太人，而在波兰城市克拉科夫，有60%的医生和律师都是犹太人。同样，匈牙利的犹太人虽然只占匈牙利总人口不到5%，但36%的零售商店和仓库都归犹太人所有。德国46%的犹太人都独立经营。20世纪中叶的美国，20%的犹太男性是专业人士，35%的犹太男性为企业主。1970年，美国犹太人中，只有0.33%的犹太人从事体力劳动。而犹太人就读美国研究生院的比例更是高得惊人，比非犹太人高3倍。在全美主要大学中，20%的教授是犹太人，而且有26%

的法学教授是犹太人。正如2000年诺贝尔生理和医学奖得主坎德尔在其回忆录中所言，在希特勒实行反犹政策后，“大学中大约50%的医学教师由于是犹太人而被解雇。维也纳的医药业从那次‘大清洗’后再也没有恢复从前的繁荣”。维也纳的学术和艺术界也是如此，波普尔、维特根斯坦、弗洛伊德、茨威格、勋伯格、马勒等大批犹太精英被迫流亡他乡，所以，有人说：“没有犹太人，维也纳将不会是今天的维也纳；没有犹太人，这个城市在近几个世纪也将会失去它们最辉煌的时期。”

那么，在犹太人的经验当中，有哪些经验有助于企业家精神的形成呢？

哈泼斯坦在他的大作《美国犹太人》一书中写道：“如果你在物质和精神上，对于现状的投资比较少，那么冒险尝试新事物时，会比较安心。”喜剧演员梅森开玩笑说：“基督徒工作是为了拿到洗手间的钥匙，犹太人工作是为了拿到金库的钥匙。”他所谓的金库钥匙，一是指发大财的雄心抱负，二是指如何经营企业的知识水平。贫穷的犹太人在刚流浪到美国的时候，许多传统行业已经没有他们的容身之地，只能寻找新的技术含量高、专业性强的领域去冒险。20世纪初，大部分保险公司甚至不愿意为犹太裔商人承保。这样，犹太人便只好在如下这几大领域大显身手，而这几大领域的企业家没有较高的知识水准是很难发展的：

①金融股票业
②珠宝、零售业
③电影电视业
④新闻出版业
⑤服装美容业
⑥电脑业
⑦房地产业
⑧玩具制造业

在上述领域中，金融、珠宝、零售三大行业应该是犹太人的传统产业，而其他领域统统是新兴产业，代表着资本主义高速发展的方向，同时又能体现犹太人的智慧、知识、技能和金钱的创造性劳动，犹太人在自由市场的条件下如鱼得水，大展宏图（参见下列图表）。

姓名	财产(百万$)	财富来源
戴尔(Dell Michael)	20 000	戴尔电脑
埃利森(Ellison Larry)	13 000	甲骨文公司（网络软件）
雷史东(Redstone Sumner)	9 400	维亚康姆通讯公司等
普利兹克(Pritzker Robert)	5 500	凯悦大饭店、玛门集团等

续表

普利兹克(Pritzker Thomas)	5 500	凯悦大饭店、玛门集团、投资(继承而来)
艾里森(Arison Micky)	5 100	嘉年华游轮公司(创办人泰德之子)
纽豪斯(Newhouse Si)	4 500	先进出版公司、康纳杂志集团
纽豪斯(Newhouse Donald)	4 500	先进出版公司、康纳杂志集团
布朗夫曼(Bronhoan Edgar Sr)	4 200	西格拉姆公司、时代华纳公司、MCA通信公司等
伊坎(Icahn Carol)	4 200	投资、并购专家
费舍尔(Fisher Donald)	4 100	盖普公司创办人
费舍尔(Fisher Doris)	4 100	盖普公司创办人
兰德尔(Lauder Leonard)	4 100	雅诗兰黛公司CEO(继承)
勒纳(Lerner Alfred)	4 100	NBNA金融公司(信用卡)
安能伯格(Annenberg Walter)	4 000	《电视周刊》、三角出版公司
布罗德(Broad Eli)	4 000	美国日升保险公司(已出售)、高夫曼·布罗德公司
兰黛(Lauder Ronald)	4 000	雅诗兰黛公司(继承而来)
索罗斯(Soros George)	4 000	量子基金、投资、交易
裴勒曼(Perehman Ronald)	3 800	投资、露华浓公司
葛林柏格(Greenberg Maurice)	3 700	美国国际保险集团(AIG)、美国日升保险公司
戴维斯(Davis Marvin)	3 500	不动产、石油
布伦(Bren Donald)	3 200	加州不动产
温尼克(Wimnick Gary)	3200	全球通信公司、德瑞塞公司(与米尔肯一起交易)

续表

史腾(Sturm Donald)	3 000	彼德·奇威父子投资公司
柯朗(Crown Lester)	2 900	物料服务公司、通用动力公司
布劳斯坦家族(BIaustEIN famly)	2 800	亚美和石油公司
葛芬(Geffen David)	2 700	葛芬唱片公司、梦工场
马可斯(Marcus Bernard)	2 700	家庭仓库公司
韦格纳(Wexner Leslie)	2 700	“有限”公司
布隆博格(Bloomberg Michael)	2 500	布隆博格信息公司
史登(Stem Leonard)	2 400	山宠物饲料公司、纽约不动产
蓝菲斯特(Lenfest Gerry)	2 300	蓝菲斯特有线通讯公司
迪西(Tisch Preston Robert)	2 300	鲁氏公司、 哥伦比亚广播公司
费舍尔(Fisher John)	2 200	盖普公司(继承而来)
戴维森(Davidson William)	2 100	保安工业公司(玻璃制造商)
迪西(Tisch Laurence)	2 100	鲁氏公司、哥伦比亚广播公司
费舍尔(Fisher Robert)	2 100	盖普公司(继承而来)
利佛雷(LeFrak Samuel)	2 000	纽约市不动产
斯皮尔伯格(Spielberg)	2 000	安布林娱乐公司、梦工场
哈斯(Haas Peter Sr.)	1 900	李维·施特劳斯公司(继承而来)
汉斯理(Helmsley Leona)	1 800	不动产
翟尔(Zell Sam)	1 800	不动产、投资
劳伦(Lauren Ralph)	1 700	拉尔夫·劳伦时装
艾尔方家族(Alfond family)	1 700	迪克斯特鞋业公司

续表

甘达(Gonda Louis)	1 600	国际租赁融资公司(飞机租赁)
布兰克(Blank Arthur)	1 500	家庭仓库公司
高曼(Goldman Richard)	1 500	李维·施特劳斯公司(继承而来)
甘达(Gonda Leslie)	1 400	国际租赁融资公司、不动产
哈斯(Hass John)	1 300	李维·史特劳斯公司(继承而来)
贾可布斯(Jacobs Irwin)	1 300	奎尔通讯(电讯)
费舍尔家族(Fisher family)	1 300	纽约市不动产
杜斯特家族(Durst family)	1 300	纽约市不动产
齐夫(Ziff Dirk)	1 200	齐夫·戴维斯出版公司
齐夫(Ziff Robert)	1 200	齐夫·戴维斯出版公司
齐夫(Ziff Daniel)	1 200	齐夫·戴维斯出版公司
朱克曼(Zuckerman Mortimer)	1 200	波士顿房地产、美国新闻、与世界报道
费舍尔(Fisher William)	1 600	盖普公司(继承而来)
卫尔(Weill Sanford)	1 100	花旗集团(旅行家集团)
金美尔(Kimmel Sidney)	1 000	琼斯服装集团等
利文(Levine William)	1 000	户外系统公司(大型广告牌)
杜瑞斯勒(Drexler Millard)	1 000	盖普公司CEO
路易斯(Lewis Peter B.)	1 000	进步公司(汽车保险)
利奇(Rich Marc)	1 000	商品交易员
费舍尔(Fisher Max)	975	马拉松石油公司
伯格(Berg carl)	950	矽谷房地产与投资
狄勒(Diller Barry)	950	美国网络公司、电视台等

续表

葛林(Green Pincus)	950	商品交易员
柯夫纳(Kovne rBruce)	900	投资、开克斯顿公司
柯雷维斯(Kravis Henry)	900	柯柯罗公司(融资并购)
裴尔兹(Peltz Nelson)	890	特丽雅饮料公司、融资并购
亚伯兰森(Abramson Leonard)	875	安泰美国健保公司
利(Lee Thomas)	875	融资并购、销售饮料等
何尼克曼(Honickman Harold)	850	百事可乐装瓶厂商
柯尔博(Kohlberg Jerome Jr.)	850	柯柯罗公司(融资并购等)
陶伯曼(Taubman Alfred)	840	“摩尔”(购物中心)
索伦斯坦(Shorentein Walter)	800	旧金山不动产
索罗(Solow sheldon)	800	纽约市不动产
哈斯(Hass Peter)	775	李维·施特劳斯公司(继承)
艾德森(Adelson Sheld)	750	拉斯维加斯电脑展、赌场
米尔肯(Milken Michael)	750	德莱瑟公司、交易员
罗伯兹(Roberts Brian)	750	康卡斯特通讯公司
葛贝尔(Geballe Francesk.)	725	李维·施特劳斯公司(继承)
哈斯(Haas Josephine)	725	李维·施特劳斯公司(继承)
卡森伯格(Katzenberg Jeffrey)	725	迪斯尼员工安置基金等
哈斯(Haas Evelyn)	720	李维·施特劳斯公司(继承)
艾斯纳(Eisner Michael)	710	迪斯尼CEO、员工认股权
薛尼克(Chernick Aubrey)	700	康得软件公司
葛雷塞(Glazer Guilford)	700	不动产、摩尔

续表

哈斯(Haas Robert)	700	李维·施特劳斯公司(继承)
利维(Leon Levy)	675	奥德赛伙伴公司(融资并购)
费尔德(Kenneth Feld)	650	陵林兄弟公司、霸能倍力公司、迪斯尼冰上公司
利文(Stuart Levind)	650	电缆电子系统公司
席佛曼(Silverman Hemry)	650	先登公司艾维斯租车公司、拉马达连锁旅馆、和合公司
舒伯尼克(Stuart Subotnick)	625	都会媒体公司

要进入1999年《福布斯》这个排行榜中，至少需要6.25亿美元的净资产。在所有400多大富豪中，犹太人占23%；在前50位大富豪中，犹太人占36%；10亿以上资产的富翁当中，犹太人占24%，是犹太人占美国总人口比例的12倍。此外，跌出1999年排行榜的犹太富豪，净资产在5亿美元以上的还有19人；跌出1998年排行榜的犹太富豪，净资产在5.3亿美元以上的还有4人;跌出1997年排行榜的犹太富豪,净资产在4.25亿美元的还有3人，足见犹太人在美国的实力。

五、赚了钱并不等于成功

每个犹太人在小的时候，他们的母亲都会经常问他们：“假如有一天，你的房子被火烧了，你的财产也被抢光了，你会带着什么逃跑呢？”

如果犹太孩子们的回答是“黄金”或“钻石”之类，母亲就会进一步追问：“有一种东西比黄金和钻石更重要，它没有形状，没有颜色，没有气味，你知道是什么吗？”

孩子的回答说是“空气”，母亲就会告诉他：“空气固然重要，但并不稀有。真正应该带走的是知识，知识是任何人都抢不走的财富，只要你活着，它就会永远跟着你。”

紧接着，犹太母亲就会给孩子讲这样一个故事：

有一艘大船出海远行，船上的乘客中除了一位拉比外，全是大亨。

大亨们闲来无聊，就互相炫耀自己的财富。正在他们争得面红耳赤时，拉比插话了：“我是你们这群人中最富有的，不信你们走着瞧”。

船行途中，遇到大风，只好靠岸，一靠岸却遇到了海盗，大亨们的财产被抢劫一空。拉比的智慧和学识很快就受到岸边居民的赏识，他陆续在当地开班授课。而那些大亨们却处境落魄，纷纷前来寻求拉比的帮助。他们见到拉比的第一句话就是：“还是您说得对，您确实是最富有的人。”

在犹太人的心目中，赚了钱并不等于成功，真正的成功是获取知识和智慧，知识和智慧是任何人都抢不走的财富。正如《塔木德》所言：

任何有知识的人都不会贫穷。

有知识的人拥有一切，而没有知识的人拥有什么呢？人一旦掌握了知识，他还缺少什么呢？如果一个人没掌握知识，那他拥有什么呢？

在犹太人心目中，学者的地位不仅高于商人，而且高于国王。“一个学者死了，没有人能代替他，而一个国王死了，所有人都能胜任。”学者成为人们尊敬的中心。一个研究《塔木德》的学者，甚至会享受到免税的待遇。当然，犹太人推崇的知识是活的智慧，对于那些满腹经纶的书呆子，他们喻之为“背着很多书本的驴子”。《塔木德》说：“富翁和学者谁更伟大？当然是学者，因为学者知道金钱的价值，而富翁却常常不知道知识的价值。”可见，犹太人将知识和智慧抬到多么高的地位。

犹太商人说，财富是靠脑袋的，而不是靠手。他们说：“钞票有的是，遗憾的是你的口袋太小了。如果你的思维足够开阔，那你的钱包就会随之增大。”

犹太拉比说：“无知的人不能成为圣人，不能进入天堂，只关注世俗事务，喜好钱财的人，只是平凡的人。”

在传统的犹太家庭里，有一个世代相传的规定：书橱只可放在床头，不可放在床尾。因为书是神圣的，绝不能对书本有所不敬。正如犹太大作家茨威格在其回忆录《昨日的世界》中所言：“发财致富对犹太人来说只是一个过渡阶段，是达到真正目的的一种手段，而不是内在目标。一个犹太人的真正愿望，他的潜在理想，是提高自己的精神文明，使自己进入到更高的文化层次……倘若在自己的家庭成员中有一个人明显地成了称得上有知识的人，如当了教授、学者、音乐家，那么就会把这种荣誉头衔看作属于全家的，仿佛他通过自己的成就会使全家人都变得高贵似的。”

为此，茨威格曾写过一篇短篇小说名叫《旧书商门德尔》。故事说：旧书商门德尔是一个传统的犹太文化商人，对书籍无比喜爱。隔壁的一家咖啡馆专门为他设立了专座，并可享受许多特殊优惠，而他也三十多年如一日，每天从早上7点半开始，整天摇头晃脑地读着他喜欢的旧书，直到咖啡馆打烊时才离开。他的知识丰富到什么程度？只要你告诉他任何一本书的书名，他就会非常详细地告诉你各种版本的出版者、出版年代、大概的价格，以及与该书有关的二三十部相关书的详细情况。他知道图书世界中的每一株植物，每一条小毛虫，对这个世界中的每颗星辰的变化都了如指掌。对于每一种专业，他都比专家们知道得多；对图书馆，他比图书管理员更精通；他洞悉大部分商行存书状况，远胜过这些商行的老板。他无须查阅什么清单呀，目录卡呀，而是凭自己无与伦比的记忆力……

显然，门德尔是旧书界的巨擘，赢得了整个欧洲旧书界的尊敬，但他靠的不是他的经营才能，而是全凭他超凡的学识和天才的记忆力。他后来死于战争的摧残，从此整个欧洲的咖啡馆失去了一道古色古香的人文景观。

六、终身学习和工作，永不退休

犹太法典《塔木德》指出：大卫王的伟大，一部分就在于他从不无所事事。在他死亡的那天，死亡天使发现他无法带走勤劳的大卫王，因为当一个人沉浸于创造性的劳动中时，几乎不可能死去。无论他等了多久，大卫王都不肯停下来。后来，他跑到了大卫王的身后，发出一声巨响，把大卫王吓了一跳。正在大卫王停下手中的事情搞不清发生了什么事情的一瞬间，死亡天使带走了他。

在希伯来语中，是找不到“退休”这个词的。有人讲了这样一个故事：

一个人经历了漫长而多变的人生，最终他要渡过一个很深的湖。他觉得小船和船夫很好，也对船夫的热情和提供的食宿很满意。周围的景色很美，气候宜人，食物充足。几周以后，他想试着做园艺工作，但始终无人安排。在反复要求要在餐厅或陆地上工作却无人理会之后，他愤怒地喊道：“这里比地狱好不了多少”，上方传来了回答声："你以为你在什么地方？"

原来他正是在地狱里！因为不劳而获的生活，即使是气候宜人、食物充足，也仿佛生活在地狱中。这就是犹太人对劳动的赞美和讴歌。

上帝把人放入伊甸园中，让他管理伊甸园。犹太教解释说，这项工作就是人类快乐的源泉。人类完成了造物主将他创造出来的使命。在工作过程中，他发现自己确实是按照上帝的形象创造出来的，因为只有他才能像造物主一样创造事物。亚当的工作没有时间和空间的限制。《福音书》最后重复并强调了工作与人类快乐之间的关系，并说："人类生来就是为了工作"。

工作除了能给人带来钱财以外，本身也是有意义和有价值的，价值就在于能对别人乃至社会有益。正如丹尼尔·拉平博士所言："上帝给他的孩子带来了钱财和礼物，为了让人们能够以此满足自己需要的东西，而不是别人认为你应该需要的东西。报酬和利润表明你正在帮助人们获得他们所需，并不是你工作的动机，只让你的工作变得更有意义。"因此，一个人的真正经济价值是精神的，而不仅仅是肉体的。因为人类的创造力只有通过思想和身体结合成为一体时才能显现出来。也就是说，人类创造的财富，主要是以精神的方式，而不简单的是物质的方式。

正因为如此，几乎所有的犹太人都坚持终身的学习和永不退休。在一定意义上，退休就是在实际生命未结束时就写下了“结束”二字。为什么过早地结束激动人心的旅程呢？尽管退休的人可以认为他是依靠自己的积蓄和投资，而不是别人的施舍生活，但他们对世界的创造性工作却提前结束了。到达显得比旅途本身更加短暂，结束自己创造性的工作就仿佛关掉了油门的汽车。有人说：“充满希望的旅行比所要到达的地方更有意义。”无疑，继续工作、永不退休是让余生焕发出更大光芒的更好办法，同时也可以延长寿命，更主要的是成为一个创造者，而不仅仅是一名消费者。

七、文化和智力的寿命比金钱更长

我明白，金钱能够使这个世界运转，但我不相信金钱；我知道，艺术无法使这个世界运转，但我笃信艺术！

——罗伊·纽伯格

这句话出自美国“共同基金之父”罗伊·纽伯格之口。他在93岁生日晚宴上的时候，还说出了如下的诚挚话语：

我的成功来自我对生活的好奇心，直到现在我仍然充满好奇。我想知道事情为什么会是这样，为什么会是那样，所以我仍然充满热情地迎接每一天的到来——我要看看接下来会发生什么样的事情，而且我知道我一定能够学到新的东西。

这是何其健康和阳光的一种心态啊，正是这种心态成为犹太人创造力的源泉。

另一位犹太人——美国“公关之父”爱德华·伯奈斯的晚年生活也验证了纽伯格的这种思想。伯奈斯是心理分析大师弗洛伊德的外甥，他借用舅舅的心理学理论，让大众购买原本不需要的产品，并且影响大众对事物的看法与种种观念，从而博得了“公关之父”的称号——他让女性抽烟成为时尚，他教美国人改变了家居布置，并帮助柯立芝入主白宫，他是一个长命百岁、非常迷人，而且极具道德争议性的人。在他 97 岁的时候，还有性生活，而且非常出色，在 101 岁的时候还同他的助手发生“绯闻”。

还有一位犹太老头科斯托拉尼也同样有趣，他被誉为“证券教父”“欧洲的沃伦·巴菲特”和“20 世纪股市的见证人”。他虽然没有巴菲特那么有钱，却赢得了“股市教授”的美称，并出版了十几部风靡全世界的股市专著，全球发行量高达 300 万册。他生于 1906 年，死于 1999 年，活了 93 岁，生前最大的愿望是能够为 2000 年 1 月那期的《资本》杂志再写一些专栏文章。他曾幽默地说道:“《资本》给了我保障，但谁来保障资本呢？”

20 世纪 70 年代，他开始在德国和世界各大都市的咖啡馆中开办股票培训班，不断地教导青年朋友：要想在股市上取得成功，不是靠算计，而是靠思想，用脑子思想。上至王孙贵族，下至贩夫走卒，有数万名“学生”聆听了他的讲座。他虽然不是某一所固定大学的教授，却是全欧洲几乎所有著名大学的客座教授。他给年轻父母最明智的建议就是：“与其到股市投资，还不如给孩子身上投资。”他最著名的建议，就是要投资者买下各种绩优股，然后到药店买上安眠药睡上几年，从睡梦中醒来后必将惊喜连连。

在过去的35年，他曾做过无数场报告，并在电视上频频露面。不论是在达沃斯经济年会上出现，还是在世界银行、电话交易所和哈罗德·施密特主持的电视节目中出现，他始终都是一位幽默机智的勇敢斗士。他认为自己精力充沛的秘诀就是每天都在进行“精神体操”，虽然坐飞机或火车以及登台演讲对他来说越来越困难，但是这位“老先生”从来不坐在主办者为他准备的沙发椅上，只要他把两只手牢牢地撑在讲台上，接下来便会有1小时到1个半小时紧张而又诙谐幽默的演讲，而且掌声不断。他在每次报告开始都说：“要想从我这里得到重要的建议，将会使你失望。如果有什么建议的话，那我不过是要告诉大家，股市只是银行或利益集团企图向公众兜售某种股票罢了……”

很显然，通过这三个犹太老头的故事，再一次证明了“文化和智力的寿命比金钱更长”这一重要道理。正如罗伊·纽伯格在自传的前言《我热爱生命》一文开头所言：

有些人因不断地去追求巨大财富浪费了他们的生命。钱是有用的——我们得面对它——但它绝不能同健康平起平坐，当然更无法同伟大的艺术相提并论。

我从来没有对金钱本身产生过真正的兴趣。我的职业和我的生命热情来自经营艺术以及对艺术的支持。金钱当然是这种经营的副产品，使我得以购买伟大的艺术作品并对文化予以支持。

卢梭说：“人，是生而自由的，但却无往不在枷锁之中，那些想成为一切主人的人，却往往沦为奴隶。”无论是在股市还是在现实当中，许多人沦为金钱和权力的奴隶。犹太人虽然被誉为“世界第一商人”，并且在股市和金融运作中如鱼得水，但是他们却深刻地认识到：

文化和智力的寿命比金钱更长。
赚了许多钱并不等于成功。

这两句话难道不值得我们记取和深思吗？

八、运用知识洞察未来

法国有位大预言家，名叫诺查丹玛斯，是全世界公认的“天眼奇人”，也是一名犹太人。他从小就喜欢医学和旅行，这为他日后的预言生涯奠定了坚实的基础。诺查丹玛斯的预言充满人名、时间、地点、事件发生的背景和方式，中间不仅有确切的数字，还有许多有血有肉的细节……他不仅准确地预测了 1792 年法国路易十六王朝的灭亡，还预言了拿破仑的出现和杀人魔王希特勒的灭亡，是一个地地道道的传奇人物。

作为一名企业家，要想达到诺查丹玛斯的神机妙算的境界犹如天方夜谭，但是，应该通过历史和现实的变化，分析未来的走向，这对于企业和经营有时是至关重要的。正如《塔木德》所言：“什么样的人是智者呢？智者是能预测出母鸡下的蛋里将孵化出什么的人，而不是能够预见未来的预言家。智者拥有的智慧就是能够从今天的事件中看见明天的结果。”

在预测未来上，不同的人确实有不同的能力，这也正如不同的人在弹钢琴或做煎蛋卷等事情上能力不同一样。但也正如在音乐或烹调领域，训练和练习确实可以大幅度地提高我们在某些领域中的能力。你可能永远也成不了音乐会上的钢琴家，或一名优秀的厨师，但是你可以通过训练让自己超越从前。

两位政治家丘吉尔和张伯伦的预见能力就有惊人的差异。丘吉尔后来这样描述张伯伦：他最大的愿望就是成为名垂青史的和平主义者，为了他和他的国家，即使冒再大的风险也在所不惜。但是很不幸，他义无反顾地踏进洪流，却无法控制它；面对风暴他无所畏惧，但是并无力应付它。1938年9月，张伯伦在慕尼黑拜访了希特勒，并谄媚地称其为“尊敬的希特勒先生”。下飞机时，他耀武扬威地挥动着他那把随身携带的臭名昭著的黑伞，另一只手则挥动着希特勒签过字的那份联合声明。他以为自己为英国带回了和平，但历史证明，他只是个无能的预言家。仅仅在一年之内，丘吉尔警告的所有危机纷纷降临。因此，预测未来的秘诀之一，就是摒弃情感，用理性和知识分析问题。

未来往往是昏暗不清的，边缘光线过强会影响你看见一个清晰的未来图像。就仿佛晚上开车时，你应该尽量不受对面驶过来的车子晃眼的大灯的影响。聪明的美国商人沙欣曾有商场“神算子”的美誉，他预测安达信咨询公司在20世纪90年代总收入将接近100亿美元。但是，1999年9月，他放弃了自己丰厚的退休金，离开安达信公司，加入了刚刚筹划的网上百货商店“Weban”，不仅优先购买了该公司1 000万股股票，还购买了大量的期权和股本。然而，该公司在开头的半年里就亏损了3500万美元，而且在两年内崩溃并申请破产保护，沙欣也被迫辞去了首席执行官的位置。从亚里士多德开始，人们就认为白天站在井底可以看到星星。实际上，白天下到井底根本无法看到星星。幸运的是，隔绝外界的强光，我们可以窥见未来的微弱光芒。沙欣并不是唯一一个被互联网炫目光芒蒙蔽的聪明人，但过分明亮的光线遮住了他的视线。

帕特里克·亨利说：“只有一盏指引我走路的灯，这就是经验之灯。我知道无法判断未来，但可以根据过去的经历来做判断。”

西塞罗说：“在世界混沌之初就注定了某些信号可以预示未来的事情。”

无论是经验也罢，信号也罢，总之未来是有可能预测的。而犹太教将这一切总结为这样一句话：“过去将会成为未来，你做过的事情将会成为将来要做的事情，太阳下面没有什么东西是全新的”，表达了回顾过去展望未来的原则。19世纪就有犹太法师预言在1948年将会建立以色列王国，并预言第二年将有10名反犹分子被绞死。因此，犹太学者对1946年10月16日纽伦堡法庭判决绞死 10 名纳粹分子毫不惊讶。只要清楚这一点，也就是任何事情的变化总会有其原因，很少存在所谓巧合，那么，预知未来也并非不可能，因为万事万物总是有其变化的规律。

《圣经》上说：“你们祈求，就给你们；寻找，就寻见；叩门，就给你们开门。”亲爱的朋友，请接受我的祝福。

九、怜悯世界

著名犹太作家裴莱兹曾写过一篇小说，名叫《七年富裕》。故事说：有一个搬运工人的家庭非常贫穷，突然有一天先知以利亚扮成一个德国人出现在他面前，并告诉他一个好消息，从今天起，你就会过上七年非常幸福的日子，但是七年以后，你还会重新变得像以前一样的贫穷。最后，这名工人和妻子商量后，决定马上开始幸福的生活。七年以后，那个德国人又来了，告诉他今天夜里他家的金子就不见了。这名工人说："这件事需要告诉妻子，因为这七年里，财产都是由她掌管的。"德国人见到了那位妻子，她穿的和从前一样寒酸，只不过是脸上充满了笑容。她对德国人说：那七个好年头甚至还没开始呢，他们从来也没把那些金子当作自己的财产，因为钱只有凭十指挣来的，才是自己的。不是用血汗换来的财富，只是他们替上帝代管，感谢上帝，请为这些金子找一个更好的保管者吧。

很显然，这则故事体现了犹太人对待财富的态度。按照犹太人的观点，要想发财必须首先理解金钱的本质。“钱是什么？”“钱是人发明的衡量创造能力的最有效方式，是衡量我们的时间、尊严、技能、健康、经验和耐久力的最便捷的途径。”按照《塔木德》的观点，人在工作的时候，处于工作状态中的不仅仅是他们的身体，更主要的是他们的“自我”和所拥有的创造力。钱的使用依赖于信任，钱的价值依赖于声誉，公司的管理、信誉以及品牌的认知度，远远高于钱本身的价值。钱既是有形的，也是无形的，它的背后是一个巨大的信任网络，人类的互动可以增加财富。

金钱同爱情一样，只有当你放弃了彻底占有的想法时才是最好的获得。人们会发现，对金钱和爱情的投入越执着，自己就会面临着越多的麻烦。唯一的补救办法，就是通过慈善活动，缓解我们对金钱的迷恋。慈善活动不仅是人们通向上帝的祝福之路，还能促进财富的创造，让你关注身外的世界，拥有新的朋友，同时为善良找到一个好的理由，为崇拜自己找到一个好的理由，体现人类的奉献精神。更主要的，慈善也是一种投资，让你平安、顺利，获得更多的回报。

犹太人不仅历史上有慈善的传统，而且在现代社会所捐献的金额也高得让人难以置信，完全不同于他们在日常生活中给人留下的那种刻板吝啬的形象。美国犹太联合劝募协会每年大约可以收到 10 亿美元，其筹款能力几乎超过美国任何一个独立的慈善团体。在美国最慷慨的捐款人百名排行榜中，犹太慈善家就有35人。排行榜中，索罗斯高居榜首，他的慈善捐款已超过20亿美元，比尔·盖茨排名第15，他的捐款总额是1.92亿美元。1997年，犹太人的全部捐赠金额大约有45亿美元，其中有15亿捐给类似于犹太联合劝募协会这样的组织,20亿捐给犹太教会,7亿捐给以色列,2.5亿捐给和教育与宗教有关的组织。在1973年的赎罪日战争爆发后的一周内，美国犹太人给以色列筹募了1亿美元的现金，创造了令人不可思议的筹款速度。

犹太人的慈善捐款数目惊人，除了犹太人重视慈善以外，还和犹太人的有钱以及能够组织效率极高的大规模募款活动有关。按照《塔木德》的要求，一个公正的学者不能只生活在一个社区负责一个慈善机构。在希伯来语中,慈善这个字眼的意思是“公正”和“正义”,而不是拉丁文和希腊文中的“对人类的爱心”之意。因此，犹太人从小在教育中就认定，慈善是为了支持社会正义，而不是基于爱心或怜悯自己的同胞。所以，在犹太人的传说中，经常出现“理直气壮”的乞丐。在很多情况下，也是为了对抗反犹主义，犹太人的慈善活动不仅造福于犹太人，而且也造福于非犹太人。

犹太人一直非常成功地向同胞募款，为同胞服务，但再也没有比犹太人投入时间和精力代表以色列向美国政府游说更有效果的了。在基辛格担任国务卿的时候，美国对以色列的援助从 3 亿美元增至 22 亿美元，占美国对外援助的 20%。美国和以色列的这种战略性联盟，除了美国的国家利益以外，和美国犹太人的院外活动是分不开的。美国犹太人的国际组织名叫“美以公共事务委员会”，其工作人员从 3 人扩展为 150 人,年度预算高达 1 500 万美元。从 1949 年到 1996 年，美国对以色列的各项援助、贷款和担保总额达到 770 亿美元。

犹太人有一句谚语说:“出钱的人最有发言权。”因此，为了保障和加强族裔的安全，犹太人热心运用财富和时间行善，并且致力于推动整个社会的进步。由于慷慨捐献和主动积极参与助选，犹太人登记选民的资格高于一般选民的 2 倍，在参众两院的代表也远超过犹太人占美国总人口的比例。1991 年，乔治 · 布什总统也发现了犹太人游说力量的巨大。当时他正设法推动中东和平协议，希望延后提供给以色列 100 亿美元的贷款担保，他说:“我遇到了一些强而有力的政治力量”。大约有 1 300 名各地犹太组织的领袖，从全美各地聚集华盛顿，游说自己选区的国会议员。老布什没有理会这些意见。之后，他虽然赢得了中东战役，却输掉了总统大选，即与犹太人对民主党候选人的支持有很大关系。

第四章 犹太人创造力的奥秘

犹太人进市场，如鱼得水。

——犹太格言

没有资本并不是问题，没有创造性才是问题。

——犹太格言

企业应该确保必要的最低利润，但是如果追求最大利润，对企业来说就十分危险。

——彼得·德鲁克

理念是世界上最强大最重要的现实力量。

——安·兰德

我对你承诺，无论你想采访谁，我都替你请来。

——拉尔夫·劳伦

伟大的艺术家造就伟大的商人。

——D.H. 康维勒

一、银行大亨：沃伯格家族

银行大亨沃伯格家族的祖先西蒙发迹于1595年，其后代在1798年成立了**M. M.** 沃伯格公司，后来在纳粹时代成为德国地位最高的私人银行。如果想要对具有悠久历史的沃伯格家族有些概念的话，我们只需要了解，在1798年，他们已经从事银行业半个世纪之久了。相比之下，后来的“世界首富”罗斯柴尔德当时只不过是个年仅25岁，正四处叫卖稀有钱币，希望有一天能够遇上富有客户的小伙子。

19世纪初，沃伯格家族成为地方性的银行势力，可是这样的成功不会让他们自满，更不会像其他犹太贵族那样，因为被同化而苦恼。成功给他们带来足够的自信，可是也有几次失败，不得不让他们保持谨慎，甚至相信宿命。就像西格蒙·沃伯格在19世纪时所说：“家传的沃伯格家族的命运，就是每当快要成为巨富的时候，事情就会发生，让我们回到贫穷，然后一切又必须从头开始。”他们和许多犹太银行家一样，都担当着罗斯柴尔德家族的经纪人，对罗斯柴尔德家族的尊崇，并不次于罗氏家族对基督教贵族的谄媚。为了使这种尊敬有所表现，沃伯格家族准备了特殊的信纸和文具，甚至还聘用一位字体优美的专家代为写信。沃伯格家族势力的崛起，归功于德国城邦重工业的成长；罗斯柴尔德家族的成功，则归功于对皇族的忠心。从这一点来说，罗氏家族应该是早期金融史的代表。1857 年，沃伯格家族以汉堡参议院的名义，而并不是以地方商业霸主之名，临时安排船运从维也纳输入银块，协助摆脱汉堡市的金融危机，反映了金融中介者影响力的上升。

在有名的“五兄弟时期”，沃伯格家族的财产剧增。五兄弟的名字分别是阿比（Aby）、麦克斯（Max）、保罗（Paul）、费利兹（Felix）及弗兰兹（Fritz），先后出生于 1866 年至 1879 年间。这段时间值得注意，是因为在此期间发生了两件大事：最后一条对付犹太人的法令废除，以及俾斯麦日耳曼帝国的形成。这两件事联系在一起，产生了非常重大的影响。原因是解放与帝国的出现，孕育出了与众不同的德国犹太人。沃伯格家族和每一个犹太家庭相同，都是以无限欢欣和自信来迎接新时代的。一方面，他们从过去数个世纪的桎梏中解放出来，从此可以无虞地展示犹太人的活力。但另一方面，他们还是处在德国人与犹太人的矛盾之中，生怕过分地展示自我或远离犹太根源。他们希望同时又同等地成为德国人和犹太人，而长期以来，这两种传统和认同、共生的意义终于开始大于不相容性。

身为这个银行王朝的长子，阿比·沃伯格原本应该是 M. M. 沃伯格公司的合法资深的合伙人，可是这位好读书的年轻人却对银行业一点兴趣都没有。他在 13 岁的时候，就和 12 岁的二弟麦克斯做了一笔听起来像是圣经故事的交易——将继承权卖了出去。阿比的提议是，只要麦克斯同意一项简单的约定，便可以取得资深合伙人的地位，约定是替阿比买下他一生中想要的一切书籍。日后麦克斯开玩笑地说，要是早些知道必须去成立本世纪藏书最多的书库，真不该当时不经思考地答应这笔交易。最后，阿比终其一生都活在买书的愉悦中，共购得 8 万本书，包括许多稀有昂贵的书籍，更别提上千种幻灯片和照片。

作为学艺术史的学生，阿比设想着成立一个反映心中理论与想象的跨科系图书馆，必须与一般标准有所不同，主题繁杂而多样。他感叹于 19 世纪晚期图书馆的两大趋势，其一是向专业化图书馆方向发展，如果某个学者要研究特定时期的哲学、心理学、艺术史、诗、政治或宗教，不得不到各个不同的地方去寻求；其二是缺乏开架式设计，使人无法享受在书架间随便浏览、发现好书的惊喜。阿比决定创办一座图书馆，再次找回在旧式图书馆里能体验到的随心所欲的感觉。1900 年初，有图书狂之称的阿比，大约每年购进 500 本书，这导致了储藏上的问题，甚至迫使他在 1909 年买了一个新家。然而，就像科幻小说中快速新陈代谢的怪物一样，书籍又迅速地堆满了新房子的每个角落，甚至包括厕所在内，书架出现裂缝，地板走形，墙壁格格作响。房子安全是兄弟们担心的问题，于是他们决定在隔壁为阿比单独建造一座图书馆。

阿比·沃伯格是一位口若悬河、极度好动、聪明又健谈的男人，他像块海绵般几乎吸尽了所有的西方文明，也很喜欢花上数小时将自己所学的知识告诉每一位听他说话的人。作为一位自学的学者和富有家族的后代，他从来不需要去赚钱，图书馆需要资金时便向兄弟们伸手（兄弟们对他不停地索求既生气又无可奈何）。如果被兄弟们拒绝，阿比就会说，别的富贵家族拥有赛马马厩，而沃伯格家族却拥有图书馆。他预言他的图书馆可以比家族银行存在时间更久。这一点在 1930 年差一点就成了现实。尽管在银行家族中出了这样的儿子显得有些奇怪，但是资助一个子孙成为犹太拉比或学者，也是犹太光荣传统的一部分，让家族也沾了光，并丰富了犹太团体。大家也期望犹太银行家同时成为艺术与文学的赞助者。

虽然阿比是个英明的模仿家而且擅长于说笑，却会周期性地陷入无尽的忧郁之中，精神方面的这个毛病在他进入中年后更加恶化。作为激进的国家主义者，阿比确信，日耳曼文化远胜于盎格鲁—撒克逊世界的低等商业思想。对此他抱有坚强的信念，以至于在德国战败后精神崩溃。从他心神崩溃后所说的胡言乱语中听出，他害怕自己在下意识里是个基督徒。对于总是激烈抗争反犹主义的他，还是屈服在犹太人的自厌情绪之下——一种在被迫害的少数民族中常见的现象。

将近有6年的时间，阿比被迫待在瑞士的疗养院中，有时疯狂，有时清醒，看起来好像不太可能再恢复到正常状态。不过他勇敢地利用自己的心理疾病，解释了古典艺术祥和外表下所潜藏的异教和非理性思想。最后他与疗养院负责人达成协定，如果他能为院中患者成功地授课，便可以出院返回家。他充分利用自己在1890年的拜访经历，针对新墨西哥印第安人的拜蛇祭典，讲授了一堂极不寻常的课。凭着这场演讲，他在1924年出院返家。

回到他位于汉堡的私人图书馆后，阿比发现此地在他不在期间已经被改为汉堡大学的附属公共机构，并由于举办过杰出的演说、讨论会和出版过优异的出版品，而被推崇为德国魏玛的文化圣地，吸引了潘诺夫斯基等一大批著名学者。在1929年去世前的5年当中，阿比享受着这座图书馆的新名声。图书馆虽然和阿比最初的设想不完全相同，但的确比他存活得还要久。1933 年春天，纳粹开始查缉禁书，沃伯格家族害怕阿比的书遭到焚毁，在同年年底，急忙将书装成 531 箱，分别装在两艘小船上，以暂时出借的名义送往伦敦，而幸运地成为永久的出借品。今天的沃伯格学院，耸立在布隆伯利的沃本广场上，作为伦敦大学的一部分。

五兄弟中，麦克斯最感兴趣的是新帝国和解放，这也给他带来了无限的活力。他摆脱了限制先祖的禁令，并深信德国会给犹太人带来无穷希望。麦克斯年轻时曾加入巴伐利亚的一个骑兵团，渴望成为一名军官。对早期的犹太人来说这种想法十分奇怪，对年长一点的犹太人来说几乎是不可思议的，因为他们知道在军队中反犹主义盛行。麦克斯父母的反对可想而知，于是他坐下来，写了封长达 16 页的辩白信给他的父亲摩利兹，叙述了他想成为军官的计划。几经等待，他收到了父亲的回信，写了短短两句："亲爱的麦克斯，你疯了。亲爱的父亲。"

麦克斯不得不再回到汉堡的家族银行，接受了他在王朝历史中的宿命。他不但积极进取，而且不害怕任何事情，完全失去了犹太人长久以来为求生存的自我保护和谨慎。1892 年麦克斯 25 岁时，严重的流行性霍乱在汉堡市发生了，1 000 多条人命在一天内便被夺走；后来有 8 000 多人死亡。就在人们不敢上街、握手的时候，麦克斯却昂首阔步地穿梭于灾区，好像百病不侵一般。有时从早上 7 点一直到半夜，他坐镇一楼大厅，运载棺木的推车不停地从旁侧经过。事后他说："我敢肯定我是可以免疫的。"这种乐观的精神和对未来的信心，正是德意志帝国犹太人的象征。

就在威廉二世宣布德国的未来寄托在海上时，M. M. 沃伯格公司也加入了汉堡—美国航线的融资团——成为 19 世纪末期最强大的船运公司。麦克斯运用与摩根极为类似的操控铁路的手法，当上了船运公司董事长，将德国经济日益明显的两大特色——融资和商业业务组合在一起。

在国外投资方面，麦克斯坚守外交部的严格规定。他在 1910 年成立了汉堡—摩洛哥协会，决定在西北非洲扩展德国矿业，并向在当地的法国势力挑战。第一次世界大战结束后，麦克斯加入德国凡尔赛会议的代表团，并强硬地拒绝接受赔款数字。由于这些资深私人银行家从事国际贸易融资，并掌握有海外流动资金，他们具有充分的金融专业知识和国际观来进行这类谈判，可是此举动后来却被纳粹栽赃为出卖德国给同盟国。

拥有 5 个野心勃勃的儿子，沃伯格要促成家族联姻的机会是很多的，这也是维持并扩大私人合伙资本所必备的手段。老三保罗和老四费利兹就对其中的奥妙很精通。1895年，费利兹娶了薛佛（在华尔街仅次于摩根的第二大投资公司库恩—洛布的管理合伙人）的女儿费莉达·薛佛，同一年保罗则娶了所罗门·洛布（库恩—洛布公司的创办人）的女儿妮娜·洛布。这两桩让沃伯格家族通往华尔街资金的婚姻，初看之下一点也不罗曼蒂克，反倒更像是算准时机的商业手段，绝非这两位公子凑巧结成“天赐良缘”。不过，如果把他们的恋爱史作为对象去研究的话，对此不得不下这样的结论：依照所有的逻辑与可能性，这两桩婚姻还是以爱情为基础的，而并不全然基于冷酷的商业考虑。沃伯格是个幸运的家族，在致富的路上总是无心插柳柳成荫。

和麦克斯在M. M.沃伯格公司待了7年之后，保罗采纳了思乡的太太妮娜的建议，全家前往纽约，担任库恩—洛布公司的合伙人。在这个每个人都斗志昂扬、心思敏捷的家族中，保罗属于害羞的学者型，常常忧郁地低着脑袋。廉洁的他对经济学特别敏锐，是希望用智慧造福大众而不图私利的那种金融家。在他抵达美国后不久，周期性经济危机又在华尔街重演，再次显示出缺乏中央银行的美国所必须付出的高昂代价。作为欧洲金融专家的保罗，立即撰写了一篇强调设立中央银行的必要性的论文。但他随后意识到自己才刚刚搬到纽约，对大众说教似乎有些越俎代庖，于是便将论文锁在抽屉里，一直到 1907 年大危机之后，才取出来发表在《纽约时报》上。从此，他发现自己被卷入了波涛汹涌的联邦储备局成立的运动中，但这也算得上是他个人政治层面上的一场胜利。保罗非常害羞，甚至害怕公开演讲，由于他的外国口音和德国公民身份而吃尽苦头（直到 1911 年，他才成为美国公民）。大多数学者推崇他是联邦储备局成立的主要——也许应该说是最主要——的建筑师之一。保罗具有非凡的金融洞察力，1929 年 3 月，他准确地预言出华尔街大崩盘和随后出现的大萧条，当时他不留后路地发布了如下预言："如果适当的政策能够使股票市场的飙升迅速停止，那么我们可以合理地预期股价的萎缩，不至于严重影响到一般商业领域。可是如果市场陷入失控的疯狂投机当中，最后的崩盘造成的影响绝对不会只是投机者，整个国家也会被带入全面性的萧条之中。"相对于一般预言，金融预言更倾向于被轻蔑或忽视——因为有大多数钱被押注在反方向，而保罗的准确预言很快就获得证实。

在这个具有中欧保守传统的家族中，老四费利兹展示的，是让家庭其他成员难以应付的爽朗与热情。小名"费兹"道出了他的活泼的个性。他似乎从不知忧郁为何物，以至于朋友们常把晴朗无云的天气喻为"费利兹天气"。虽然他绝对称不上爱好沉思的理论学家，但却常常妙语连珠，留下不少名言。例如，他告知家人："小孩子行事可以庸俗，但不可以不入流。"有一次他还把自己所创的相对论向朋友爱因斯坦提出："万物皆相对，唯亲情恒久不变。"这番真言用于吵吵闹闹的沃伯格家族最适合。

虽然费利兹作为库恩—洛布公司的终身合伙人，但他从未在银行业展现出特殊才能。对他来说，金融业像是永远无法驾驭的巫术。有一次他的小儿子爱德华旅行前跑来要钱，费利兹给了他一沓旅行支票，但很不幸的是，他已经在上面都事先签好了名。后来，他那可怜的儿子被困在西部进退不得。

他在库恩—洛布的任期全都被奉献给慈善事业上的时候，人道精神得到了较好的发展。所有在20世纪初出现的主要犹太人慈善机构，几乎都是由他创建或参与，包括美国犹太人委员会、联合布施委员会及犹太人慈善联盟。对挤在曼哈顿下东区出租公寓中的移民们来说，费利兹·沃伯格是位传奇的慈善家，他的名字被挂在许多贫民公寓、操场及夏令营活动中心上。

费利兹把在库恩—洛布公司的大部分时间投在慈善事业上，而薛佛准许保罗援助华盛顿，从今天的观点来看这些事都是相当奇怪的。公司为什么能够容忍这些事呢？部分原因是有迹可循的——继承了犹太人的传统，由社团的长老犹太银行家担负起大范围的慈善业务。此外，当时政府被大宗业务银行家视为最重要的客户之一。保罗在政府任职可以带给库恩一洛布公司多边的好处，比如赢得政府合约或掌握上层金融情势。费利兹的慈善行为，则表达了在关系型银行时期华尔街生活的悠闲：短短的工作时间里的客户需求。对最辉煌的华尔街公司来说，投资银行业务就是维持现有客户，并让他们感觉到被照顾。费利兹·沃伯格的社交技巧在这方面助益显著。另外行善的传统还有其他好处，在公共和慈善事业中长袖善舞的合伙人，通常可以带来许多客户，比如大学、教堂、医院、犹太教会，还有他们手上管理的大笔现金。

五兄弟中排名最末的弗兰兹，严格来说他的名气并不大。他是个迟钝、步履蹒跚、温和俗气的人。或许家居型的弗兰兹是五兄弟中最慈善的一个。成长在一个功绩显赫的家庭里，他总是感到格格不入，因为他既不是天才，也不是创造世界历史的人物。虽然在知名度上他比不上其他几个兄弟，可是他的经历让人不能不尊敬。除了作为汉堡 M. M. 沃伯格公司的初级合伙人之外，他也担任汉堡犹太医院和犹太社区的委员，并且掌握当地的金融交易所。1938 年他成为家族中唯一被纳粹囚禁的人，几个月后在纳粹向其家族勒索了大笔赎金后才被释放。

保罗·沃伯格在华盛顿的沉浮，正好把关于犹太银行家的迷雾驱散了。从1920年起，纳粹便为沃伯格家族冠上“无根流浪者”的称号，宣称：真正的爱国情操他们不具备，他们对一项全球性的阴谋效忠，为了一个没法解释的理由，准备让德国毁灭。在许多国家拥有多项事业和利益的犹太银行家，对这些出自憎恨的荒谬指控总是不屑一顾。

和19世纪别的私人银行家一样，他们也是通过相互间串联着的紧密合伙关系，在不同的金融市场中运作。为了加强他们的商业关系和充实他们的资本，他们也很鼓励与其他银行家族联姻（身为私人合伙公司，他们并无渠道去公开市场筹募资本）。因此，如果从荒谬恶意的出发点来说明沃伯格的家谱，求爱和婚姻便成了沃伯格家族主宰全球金融市场的秘密蓝图。

从事全球性的业务，使得犹太银行家养成了宽容的天性。一般来说，他们四处游玩，通晓多国语言，在不同的国家受不同教育，对多种文化和货币都很熟悉。可是在这个世界却没有他们的国际主义的一席之地。在政治危机期间，由于海外关系的原因，他们必须快速把家族企业撤回，并且和自己家庭所在的政府站在同一条线上（第一次世界大战期间分居美国和德国的沃伯格家族，甚至无法相互联络）。第一次世界大战初期，麦克斯·沃伯格花费了许多工夫与薛佛联系，希望获得她对德国的财务援助。起初，对库恩—洛布公司参与1915年由摩根公司所主导的5亿美元援助英法贷款薛佛极力反对，在德国长大的薛佛，一生事业与德国金融界有着紧密关系，很难一下子就说服自己背弃德国。可是到了后来，她还是经不住华尔街支援盟军的呼声，在次年加入了替法国筹资的行列。她除了让麦克斯陷入困境，还给他写了措词生硬的信，直接说明了对德国社会权威本质的疑惑。

这场大战不但把社会主义人士的幻想驱散了——也就是阶级忠诚比战时的爱国心重要——也摧毁了国际银行家能够凌驾于政治之上,超越国家而运作的观念。

假如银行业是个无聊的主题，那么一定是上帝大发慈悲，才会把几位多彩多姿的银行家创造出来，作为对金融史学家的奖励。在上层银行世界中，再没有像西格蒙·沃伯格爵士这么与众不同的人(他在M.M.沃伯格公司的职业生涯始于魏玛共和国时期)。与他在汉堡的表兄弟不同，西格蒙的童年是在德国西南部、斯华比亚阿尔卑斯偏僻的山区以博览群书为主要内容中度过的。西格蒙一向流露出自学者的博学风范及折中主义的品格。多病的父亲在50岁出头便去世了，智慧坚强的母亲承担了扶养西格蒙长大的任务，她教养西格蒙成为完美主义者和实事求是的理性主义者。每晚她都会和西格蒙一起在床边祷告，并借机教诲:“祷告的时候，仔细去回想今天所做的错事最重要。假如你找不到六七件错事的话，那一定是你自己出了问题。”听起来好像不该是无忧无虑、调教良好的小男孩所该接受的教育。

1930年初期，西格蒙在担任M.M.沃伯格公司柏林分公司主管期间，了解到他的卓越才能会被米特维格族系的亲戚冷落，而且他们的偏袒将会让他在继位争战中挫败。作为家族的成员之一，却又喜欢独来独往（尽管他有很多朋友），西格蒙似乎特别敏感于德国社会蕴藏的地下暗潮。或许是因为母亲在他心中深植的理性，使得他对非理性的纳粹保持着高度警觉性。具有启发意味的征兆他也极为重视，并称之为“命运的暗示”。在希特勒1933年掌权时，他便看出了许多这样的预兆。西格蒙预感，将来肯定会有可怕的事情发生，所以带着美丽的瑞典妻子和两个小孩，举家迁往英国。

西格蒙的故事可以提供给我们一项有趣的历史实验。大家想想，如果将一个金融王朝从全盛期打落，取走资金，再逼迫它迁移到别处去重新开始，在缺少大笔遗产的优势下，这些富贵子弟还有办法成功吗？西格蒙还能够凭借聪明和冲动，重建他从前的地位吗？1934年10月，西格蒙和另外3个人在伦敦成立了新交易公司，当时他32岁。这家公司由小规模开始成长，在1946年改名为S.G.沃伯格公司。这家在罗斯柴尔德、霸菱、摩根等家族阴影下起家的公司，到了20世纪60年代初期成了英国第一流的投资公司。西格蒙在反犹太、反德国、仇视外国人的伦敦市，再加上他所代表的创新所招致的敌意，能够创造出这样的奇迹，人们不禁为他的成功惊叹。

那么，西格蒙是如何成功的呢？首先，他以痛苦和几乎强迫的方式将注意力集中在细节上。他常常引用作为艺术史学家的阿比叔叔所说的话：上帝存在于细节之中。西格蒙认为，公司所追求的卓越的压力应该可以察觉到，不管是从最高政策事务还是办公室用具的细节。卓越并不只是表面或来自上面的要求，而应该是一种反映出公司合伙人理念的精神。善于琢磨人心的西格蒙认为，在各种小细节上人类都会审判自己。凯恩斯以研究人的手作为挖掘人们品性的线索，西格蒙则是研究领带，并且还发展出不少领带理论（他曾说过，盯着别人的领带看是一件不礼貌的事）。有一回，在一项并购交易进入白热化阶段时，他决定放弃一位客户。因为他注意到那位客户衬衫袖口上绣着姓名字母，让他坚信这位客户只不过是个爱慕虚荣的暴发户。西格蒙坚持采取这种私人银行家的老式传统——以研究客户性格作为判断的依据。记得摩根曾经说过，信用以性格为基础，如果是他不相信的人，凭借任何证券都不可能在他那里得到钱。

经历了第一次世界大战、魏玛帝国时代的超高通货膨胀、1931 年的银行危机以及纳粹的当权，可以说西格蒙的性格是在大动荡中被塑造成型的。在事件的掌控上其他人可能因此变得宿命，可是恰恰相反，这却让西格蒙对每一件事都怀抱期望，并针对与预期不符的事件进行仔细分析。他把自己对棋艺的精通运用在事业上，并禁止 S.G. 沃伯格公司职员有“船到桥头自然直”和“覆水难收”这两种观念。西格蒙认为，首先应该在想象中尝试过桥。由于他坚持在并购行动之前预想排列组合，使他在伦敦并购业界中无人能与之抗衡。

1966 年，西格蒙从威尔逊那里受封骑士，他的热情和原则、高雅和博学，受到许多追随者的喜爱。相反也有许多人认为他无情、不正派、蛮横专制。他对银行业务有着类似的矛盾概念：一方面努力保存商人银行的精华传统，另一方面又极力开发现代金融的最新业务。正如 20 世纪初的几位伟大私人银行家一样，他认为自己犹如高级的拉比和医生，是客户可以信赖的精神伙伴，分享他们最不为人知的秘密；与客户建立全方位的关系是他所希望的，而不只是单纯地进行交易。他是位对银行间往来关系非常精通的大师，因为除了兜售金融知识以外，还包括他的品位、魅力和学习态度。他曾说，你无法成为某位客户的私人银行家，除非先与他成为朋友。因此如果想要成为西格蒙的客户，仅靠一次交易是不够的，还必须介入他充满文学、哲学、政治和心理学的私人世界，以及他那些丰富多彩的夜间社交活动：听歌剧或参加他在位于伊顿广场的家中所举办的宴会，享受美酒和雪茄。西格蒙真可称得上是关系式银行业的最后一位代表人物。

由于成长在充满不确定因素的年代中，西格蒙一方面敢于创新，一方面也厌恶风险达到了病态的地步。于是，交易有价证券、管理客户的金钱或其他超出他控制范围的活动，他都不准银行从事。他在公司并购和欧洲市场整合方面虽然颇具创意，却有个旧式的梦想：管理一家小型而有纪律的公司，给予客户亲切的建议，在不耗费资本的情况下能收取大笔费用。依今天的观点，这样的做法早已落伍。它只适合于早期的金融界，那时银行家的力量远大于客户和投资者。在西格蒙的工作生涯中，他集中精力于吸引企业界的资金消费者，而不提供资产管理服务或交易管道，但它们在后来却很快便成为吸引个人和企业资金提供者的两种必要条件。

1982 年西格蒙去世，几年后他的公司和伦敦市都在金融自由化的改革浪潮中改头换面。稍后 S.G. 沃伯格公司也投身于现代世界，两家经纪商和一家市场作价商被其并购，并扩展成一个全方位整合的巨型投资银行。这个集团交易并经销有价证券，经营大量资金，之前西格蒙害怕的生意都做。重组后的公司是资本市场下的产物，西格蒙一直避免进入的领域它都想要打入。1995 年，西格蒙所创建的这家公司被一家大型官僚式的外国银行——瑞士银行吞并了，也埋葬了他的经营理念。独来独往的结果使 S.G. 沃伯格公司缺乏足够的资金进驻各主要金融城市,特别是纽约,单靠智慧，银行家已经无法生存了。

如果说资产者在封建世界里一出现，就被看作外来客，那首先是因为他在一个大家都寻求稳定的时代，选择了四方漂流的生活方式。在人人都以自己耕种并保卫的土地为生的时代，他选择了以贸易为生，而自己却不会生产任何东西。在一个大家都只限于满足自己需要的时代，他却在追求利润。尽管资产阶级做出了种种努力，以期适应这个时代，但他与社会的其他阶级还是格格不入。因为他的生活方式、他所从事的职业和纯粹以赢利为目的的贸易本身，使资产者必然具有与众不同的精神面貌和心理状态。

犹太人长期流亡，被迫从事高利贷生意，穷得只剩下可随身携带的“书”，所以他们必须以做生意来维持生存。正如一句犹太谚语所言：“把你所拥有的东西，卖给需要它的人，这不叫做生意；把你所没有的东西，卖给不需要它的人，这才叫做生意。”这就是流浪和苦难带给犹太人的智慧。

因此，在资本主义商业和精神的塑造过程中，犹太人无疑起了巨大的作用。当然，一些反犹主义者也认为，正是犹太人败坏了资本主义。那么，究竟是金钱败坏了犹太人，还是犹太人败坏了金钱呢？这值得我们每个人深思。

二、朝圣山三剑客：波兰尼、波普尔、哈耶克

所谓的“朝圣山三剑客”或“朝圣山三巨星”，指的是哈耶克、波普尔和波兰尼。对哈耶克人们耳熟能详，对波普尔大多数人略知一二，对波兰尼人们就很少知道了。首先我们从波兰尼谈起，因为迄今为止中国内地只出版过他的三部书，一部叫《个人知识》，一部叫《科学、信仰与社会》，另一部叫《社会、经济和哲学》。最近还出了一部叫《大转型：我们时代的政治与经济起源》，但作者是卡尔·波兰尼，是迈克尔·波兰尼的哥哥。波兰尼家族是一个非常有趣的家族。那么，波兰尼是何许人也呢?

迈克尔·波兰尼 1891 年 3 月 11 日出生于多瑙河畔的布达佩斯城。这是一个温文尔雅的犹太家庭——波兰尼的父亲是工程师兼小商人，母亲则为布达佩斯一家德文报纸撰写时装专栏。富足并且颇具文化氛围的家庭生活不仅使小波兰尼衣食无忧，而且很早就接受了广博的文化熏陶和教育，迅速成长为一个思想活跃的匈牙利青年。

1913年，波兰尼取得了布达佩斯大学医学博士学位;1917年，波兰尼又获得了化学博士学位。1914年，第一次世界大战爆发，波兰尼加入奥匈帝国军队，担任一名军医。坦白地说，波兰尼的整个军旅生涯乏善可陈，作为军医，他自己的健康状况十分糟糕，曾长期住院治疗。不过，恰是在这段住院治疗期间，波兰尼继续写作化学领域的论文，为其战后成为物理化学家奠定了基础。

1918年，第一次世界大战结束后，波兰尼在柏林威廉大帝学院化学纤维研究所从事了10年的物理化学研究，成果卓著，被誉为当时德国一流的物理化学家。就在此时，波兰尼的犹太血统给他的生活带来了重大转折，在法西斯德国大肆迫害犹太人的背景下，波兰尼被迫流亡英国，在曼彻斯特大学谋得一个物理学教授的职位，一边从事他钟爱的物理化学研究，一边开始钻研社科人文方面的问题。在生命的最后20年，波兰尼彻底完成了从一个科学家向一个哲学家的转变。1976年2月22日，波兰尼在牛津逝世，享年85岁。

波兰尼生前，虽然著述丰富，但一直未引起学界的关注。直到20世纪80年代初，人们才蓦然发现波兰尼思想的冲击力。一夜之间，波兰尼似乎突然“显圣”了，一些学者惊呼：波兰尼的意会认知论是继笛卡尔和康德之后、认识论发展史上的“第三次哥白尼式的革命”，它将导致全部认识论的“大翻转”，其深刻意义甚至远在释义学、语言哲学和发生认识论之上。人们终于认识到“朝圣山三巨星”——哈耶克、波普尔和波兰尼的价值，在捍卫人类自由上，他们同样富于激情和具有执着的精神。

著名管理学大师德鲁克在自己的回忆录《旁观者》一书中写到了波兰尼一家。据德鲁克说，波兰尼一家都非等闲之辈，老波兰尼青年时曾担任匈牙利起义中的学生领袖，后来成为游击队指挥官。19 世纪 50 年代末他开始学习土木工程和建筑，并成为有名的“铁路之王”，但因过度扩张而使自己亲手缔造的王国崩陷，在 1900 年左右去世时，虽名噪匈牙利，但一文不名。在老波兰尼登峰造极成为匈牙利最富有的平民时，他娶了一个比自己小 20 岁的女孩塞西莉亚，一位俄国女伯爵，无政府主义者。在塞西莉亚还是一位十来岁的少女时，就曾参与炸弹计划——在一家学校的化学实验室里制作炸弹，企图谋杀高级警官，后逃离俄国，与老波兰尼结为伉俪。塞西莉亚一直是一个口舌锋利、妙语连珠、令人生畏的女人，在她谈到第一个在英国成立的工党政府时说道：“在其他国家，这一步可说是方向正确，但在英国则不然，因为他们的仆人过于奴颜婢膝了。”老波兰尼夫妇共生了 5 个孩子：老大奥托，老二阿道夫，老三为女孩穆希，老四卡尔，老五迈克尔。老波兰尼教导孩子的方法是根据卢梭在《爱弥儿》一书中立下的教育规范：孩子一定要彻底和社会的伪善与腐败隔绝。在这种教育法之下，他的孩子果然个个不同凡响。

长子奥托生于19世纪70年代，和父亲一样成为工程师，年轻时背井离乡到瑞士和德国工作，并很快成为一名飞黄腾达的商人，到了1910年跻身意大利顶尖企业家之列，而且非常富有。后来，他信奉马克思主义，为一家报纸提供经济援助，并和该报编辑成为挚交，那位编辑就是墨索里尼。之后在墨索里尼的影响下，他信奉了法西斯主义，并和家人断绝了关系。

老二阿道夫也是铁路工程师，后移居巴西成为顶尖工程顾问。但阿道夫对经济问题和社会发展情有独钟，同一大批社会家、小说家、艺术家和政治家成为挚交，为巴西的建设和发展出谋划策。阿道夫80多岁后仍充满活力，说起话来滔滔不绝，对未来有深刻的见解——很早就预测到南北冲突是必然的。

老三也许是波兰尼家族最有天分的，但其创造力却最为短暂。在她20岁时，她就成为匈牙利民族运动之星，而且还创办过一家杂志社，大半的文章都是自己撰写的。闻名世界的南斯拉夫总统铁托，第一次世界大战前就是穆希的忠实信徒。穆希投入社会运动虽然短短几年，但她的许多思想却催生了以色列著名的

"基布兹"的诞生，并影响了德国著名的社会学和经济学家奥本海默。赫兹尔和奥本海默创设集体农场的蓝图就是按照穆希的理想筹划的。穆希一直是个大美人，可惜的是，在25岁嫁为人妇后，就立刻成为标准的中产阶级女主人，专注于生儿育女了。

卡尔和迈克尔的成就就无须详述了，有他们的专著为证。德鲁克在他的文章中，曾充满深情地写道："无疑的，波兰尼这一家人是我所见最特别、也是最富才华的一家人。然而，重要的并不是他们的生平事迹，而是他们的理想和挫败。他们家每一个人都极有成就，却都没有达成理想。他们都相信经济由社会得到的救赎，最后却放弃了社会，而深深失望。"这也许就是大多数犹太人的宿命。

波普尔自认为自己的哲学有三大思想来源：一是马克思主义，二是弗洛伊德学说，三是爱因斯坦理论。因此，他的哲学理论体系庞大，包括科学哲学、历史哲学、社会政治哲学、伦理哲学和宇宙论等，并借助严密的逻辑系统把各个部分融为一体。无论是他的批判理性主义还是社会哲学理论，尤其是对马克思主义社会学说的批判、继承和发展，对打破人类僵化的思维、沉闷的理性、保守的传统、狂妄自大的权威以及不可证实的科学，都起了"继往开来"的作用，大大推动了人类智慧的提升和真理的发现。

波普尔的一生是一个化绚烂于平淡的故事。这位犹太裔思想家于1902年出生于维也纳，10岁时就开始接触马克思主义和达尔文进化论，17岁时曾为弗洛伊德的弟子、精神分析学家阿德勒工作过。早年崇拜的这些思想大师后来都成为波普尔怀疑与批判的对象，唯有爱因斯坦是一个例外。1919年爱因斯坦在维也纳的演讲对他的一生产生了决定性的影响。

波普尔1928年在维也纳大学获得博士学位，后来与著名的"维也纳小组"成员接触。1932年他完成《知识理论的两个基本问题》，手稿在维也纳小组中传阅。1934年在石里克的推荐下，手稿的压缩版《研究的逻辑》以德文出版。后来两年中，波普尔访学英国，结识了哈耶克、罗素和以塞亚·伯林等学者，又到哥本哈根会见了物理学家尼尔斯·玻尔。在反犹太主义浪潮的压力下，波普尔计划离开奥地利。1936年末，他向英国学术资助委员会提出申请，希望在英联邦地区的学术机构获得工作。他的推荐人当中有爱因斯坦、玻尔、李约瑟、罗素、卡尔纳普和摩尔。委员会批准了他的申请，在剑桥大学为他安排了一个临时教职，但波普尔同时获得了新西兰坎特伯雷大学的一个永久职位。1938年波普尔到新西兰任教，开始写作《历史决定论的贫困》和《开放社会及其敌人》，前者在1944年哈耶克主编的《经济学》上发表，后者

1945 年在英国出版，使他获得了国际性的声誉。

在哈耶克的帮助下，伦敦大学经济学院授予波普尔高级讲师的职务。1946 年年初波普尔抵达英国就职，教授“逻辑与科学方法”。1950 年他应邀访问美国，在哈佛和普林斯顿大学演讲，期间与爱因斯坦等科学家会面讨论。1959 年他出版了英文版《科学发现的逻辑》，这是 25 年前德文版著作的扩充。1963 年他又出版了《猜想与反驳》。1969 年，波普尔放弃在伦敦经济学院的全职工作，专注于研究和写作，1972 年发表《客观的知识》。1974 年，由谢尔普主编的《在世哲学家文库》发表两卷本的《波普尔及其思想》(上卷为自传，后来以《无穷的探索》单独出版)。1977 年波普尔发表与艾克里斯合作出版了《自我及其大脑》。20 世纪 80 年代波普尔出版的主要著作包括《实在论与科学的目的》《开放的宇宙》和《量子理论与物理学的分裂》。波普尔无疑是最伟大的犹太思想家之一，其思想根源深深浸泡在犹太文化中，寄托了犹太人的理想和对社会、政治、经济认识的方法论。

哈耶克不仅是“朝圣山学社”的灵魂人物，而且是新自由主义的精神领袖，影响了全世界的自由主义者，这一点可能还会在未来漫长的历史中更加明显地凸显出来。正如一位思想家所言，从思想史的角度去评判一个思想家，就仿佛透过思想家的理论去观察当下的时代一样，要比单纯沉湎于其话语体系中给人们带来更生动的感受。看他们穿行于历史的变迁之中，被烙上时代的累累印记，可以形成一种有着丰沛历史感的领悟。正是从这些烙印中，我们才可以见证思想家在不同时空场景中非常不同的遭遇。

哈耶克无疑是20世纪最重要的政治思想家和经济学家之一，堪称市场经济和法制社会的坚定捍卫者，以及新自由主义的精神领袖。他的一生丰富多彩，经历过两次世界大战，见证过大萧条，目睹过法西斯主义的兴起和衰亡，并在其生命的最后阶段，欣慰地看到了自由市场思想的复兴。他还成为20世纪80年代里根—撒切尔主义的精神导师，对苏联、东欧的市场转型发挥了独一无二的巨大推动作用。

哈耶克的思想活动跨越了经济学、政治哲学、政治学等诸多领域，用一系列权威的著作论证了自由社会所不可或缺的法律、政治、伦理和经济条件。尤其是其代表作《通往奴役之路》于1944年出版后，在全球获得了热烈的响应，并深刻影响了20世纪后半叶人类的历史进程。在他所取得的辉煌成就的背后，始终贯穿着对人类未来命运的关怀和对自由、法制的呐喊，并实践着“观念打败观念”的历史责任，用持之以恒的努力证明了“昨天的异端会成为明天的信条”这一伟大的真理。他不但是一个“顽固的市场主义者”，还是一名“伟大的道德家”。他将专横自负的权力视为人类自由的头号敌人，是一名以捍卫人类自由为己任的观念斗士。他相信“人们享有公民自由的资格，与他们对自己的禀性施以道德约束的愿望成正比，与他们把热爱正义置于个人贪婪之上成正比”。

19世纪杰出的自由主义思想家约翰·穆勒在其名著《论自由》中写道:“比起个人来，时代更不容易出错——因为每个时代都有许多种观念，在今后的时代不仅被认为是错误的，简直就是荒唐的；同样，有许多现在被人普遍接受的观念，今后可能遭到排斥；也有许多过去被人广泛接受的思想，会遭今人抛弃。”因此，从20世纪的30年代到80年代，哈耶克一直在挑战着一个传统观念：社会主义是比资本主义更有效率和更公平的经济生产形态。哈耶克论证了传统社会主义是行不通的，其他人也曾经做过尝试，尤其是他的老师米塞斯。但没有任何人像他那样清晰而有力地阐明拒绝传统社会主义的理由，也没有任何人像他那样富有成效地拓展了这些论证，使之从经济领域扩展至更广泛的社会领域。他不仅写出了伟大的《通往奴役之路》，还写出了《自由宪章》《法、立法与自由》和《致命的自负》等名著。他充分界定了法律与自由的关系及含义，核心理论就是:没有法律，就不可能有自由。他是一位乌托邦哲学家，最终提出了某种“普遍的和平秩序”的理想，试图“将全人类融合为一个单一社会”。这样的社会将保障个人自由和群体之秩序，也将拥有最先进的技术。

1899 年 5 月 8 日，弗里德里希·奥古斯特·冯·哈耶克出生于奥地利的维也纳。当时的维也纳纷争不已，人们几乎对所有事情的前景都持不同看法。犹太复国主义的领袖西奥多·赫兹尔和战争狂人希特勒，也出生在这座城市。哈耶克的父亲是一名归化了的犹太人，他不仅是一名医生，而且还对植物学感兴趣，写作了大量专著，并成为维也纳大学的一位兼职植物学讲师。他的母亲出生于一个富裕而保守的学者家庭。他的外祖父弗兰茨·冯·尤拉舍克是当时奥地利杰出的经济学家，是奥地利学派经济学三大鼻祖之一庞巴威克的密友。他的祖父则在维也纳的帝国中学教了 30 年的自然科学，撰写了好几部有关生物学的系统性论著，在当时也相当出名。

谈到父亲对自己事业的影响，哈耶克说：“我想，如果没有对知识工作的那种敬畏，那么，我可能会改变我自己的发展方向。我决心成为一名学者，当然受到了我父亲想成为一名大学教授却未能实现这一野心的影响……我就是在这样的想法中成长起来的：没有什么东西比成为一位大学教授更高贵的。”想成为一名高贵的学者，也是犹太人最普遍的文化传统，即使归化了也改变不了这种思想。所谓的改宗和归化，无非是想避免反犹主义的影响，马克思、海涅、托马斯·曼等都是“不是犹太人的犹太人”，但他们骨子里流的还是犹太文化的血。

哈耶克是在日耳曼文化的气氛中长大的，他认为“德国人总的来说是勤勉而守纪律的，具有强烈的责任感和秩序感，严格服从权威，有大无畏的牺牲精神。但他们欠缺的品质也很多，包括：和蔼与幽默感，谦逊，尊重别人的隐私和信任邻人的善意”。在谈及自己的远房外甥——哲学家维特根斯坦的时候（也有的书说维特根斯坦是哈耶克的堂兄），哈耶克回忆说：“最让我震惊的，是他对一切事物都‘求真’的激情（后来我才知道，这是我之前的那一代年轻的维也纳知识分子的典型特征）。这种‘求真’激情在各个知识分子群体中几乎成为一种时尚，我也曾奔走于这些知识分子群体中。它并不仅仅意味着讲真话，而意味着你必须以真理为‘生’，而不能宽容本人或他人的任何虚伪。这种态度有时会显得十分粗暴，甚至令人不快：对每种习俗都要予以深入剖析，对于每种传统形态，都要揭露出它是骗人的。”

在哈耶克成长的过程中，给他记忆最深刻的是他父亲收集的植物标本，每次搬家的前提条件就是，要有地方来陈列它们。哈耶克在童年及青少年时期，还对摄影、骑自行车、滑雪、帆船、攀岩、登山、戏剧等产生过浓厚的兴趣。他当时是个身体瘦高、不修边幅的男孩。在宗教方面，他虽然归化了，但从未去过天主教堂。“到14岁那年，我确信，没有人能够对‘上帝’一词给出合理的解释，因此，不管是声称信仰上帝还是不信仰上帝，其实都是毫无意义的事。”他家的亲戚大多是归化了的犹太人。哈耶克家所遇到的问题，其实是所有归化了的犹太人所面临的共同问题。正如美国著名作家诺曼·梅勒在他的短篇小说《研究瑜伽的人》中所说，犹太人跨立在两者之间：一方面是对自己从未见过的国家的丧失感，另一方面是对自己现在生活的这个国家的厌恶感，反映了普遍存在于美国犹太人之中的“做犹太人难，不做犹太人也难”的矛盾心理。而对于归化了的犹太人来说更是如此，信仰犹太教难，到新教堂做礼拜更痛苦。于是，有些人干脆放弃宗教信仰。

哈耶克从小就是一个叛逆的孩子，虽然脑瓜很聪明，但学习上很不用功，让大部分老师恼羞成怒。在14岁那年，他除了生物学以外，拉丁语、希腊文和数学都不及格，不得不留级一年，即使换了两所中学，仍然常和老师闹别扭。奇怪的是，在家里却是另一回事，哈耶克俨然成了一名小学者，是父亲植物学研究方面的“得力助手”。在后来哈耶克的学术生涯中，他终生对进化现象都保持着浓厚的兴趣。哈耶克父母的关系很和谐，全家人经常在阳光下进餐，无所不谈，非常幸福。他的父亲不仅酷爱植物学，而且精通德国文学，每个晚上都在灯下给全家人朗读席勒的诗歌和莎士比亚的戏剧，这给哈耶克的内心留下了非常深刻的印象。

1917 年 3 月，哈耶克在离 18 岁生日还差两个月的时候参军了，受训 7 个月后，被派往意大利前线。在战场上，哈耶克不仅受过伤，而且还有一次差点送了命。他后来听力不好，可能和炮弹的爆炸有关。在战斗之余，他阅读了一些有关经济学、伦理学和社会主义的书籍，引发了他对经济学的兴趣。1918 年年底，奥地利战败之后，哈耶克退役并进入了维也纳大学。

在维也纳大学，哈耶克进入了自由主义、自由市场的经济学传统的课堂，卡尔·门格尔、庞巴威克、维塞尔等经济学大师的理论都不同程度地影响过他。这些奥地利学派的经济学家都有一个共同的特点，就是关注人的需求、欲望和最高的生活水平，而这又需要最科学的知识。因此，课余时间哈耶克还热衷心理学、解剖学和法学，并经常出没于许多名教授讲座的课堂上。哈耶克晚年评论说，当时的维也纳是“世界重要的学术中心，没有哪个地方能像二十世纪二三十年代那样激动人心”。而使维也纳在思想学术方面举足轻重的一股重要力量是犹太人社会，他们构成了世界上最大，或许也是最有学问的知识群体，共有 20 万人之多，而到第二次世界大战后却只残存 8 000 人。20 世纪初期，维也纳的人口约为 200 万。当时，虽然哈耶克出入于天主教文化圈中，但还是与许多犹太教师和学生建立了密切的私人关系。因为在当时的维也纳大学，大部分学生很少在学校上课，而是去找私人教师辅导功课。很多私人讲师是犹太人，并且他们的思想水平是一流的，包括米塞斯和弗洛伊德。哈耶克活跃在天主教徒和犹太人的混合群体中，这对他以后的学术生涯影响很大。

对哈耶克帮助最大的经济学家是路德维希·冯·米塞斯，他利用自己的影响力在 1921 年帮哈耶克找到了第一个工作职位，该职位是一个政府机关的法律顾问。哈耶克特别喜欢讲他 1921 年去见米塞斯的过程，当时他拿着维塞尔写的一封推荐信，信中“把我说成是一位前途无量的经济学家。米塞斯看着我说，‘前途无量？我可从来没有在我的课堂上见到你’（大笑）”。“这基本上是真事。我曾经去听过他的课，我发现，他极为反感我当时信奉的费边主义观点，而跟这样的人，我可不想套近乎。不过当然，后来的情形就变了，我们结下了深厚的友谊。头五年，他是我的顶头上司。然后，他帮我创建了经济（商业周期）研究所，我当所长时，他是副理事长。”米塞斯是一个绝对理想的领导，不仅非常体谅下属，还随时愿意和人探讨经济问题，在哈耶克的学术生涯中，他扮演了非常重要的角色。他不仅把哈耶克推荐给纽约大学的扬克斯教授，而且还经常邀请哈耶克参加他的“私人研讨会”。于是，米塞斯成了哈耶克的学术领路人，对货币和工业波动的影响，对社会主义问题的兴趣，都是在米塞斯的直接影响下产生的。而哈耶克的哲学方法论，则受到维塞尔和米塞斯的共同影响。维塞尔也是当时一个重量级经济学家，一直是哈耶克的导师，也是一名犹太人。

在米塞斯的影响下，哈耶克和他的大学同学也发起了一个“精神兄弟会”，小组每月聚会一次，讨论各种问题，成员大部分是犹太人。参加讨论的成员有：马克斯·明茨，后来到了美国成为历史学家；埃里克·弗格林，政治哲学家，执教于维也纳大学；阿尔弗莱德·舒茨，社会学家、哲学家；瓦尔特·弗勒里希，历史学家、律师；弗利克斯·考夫曼，哲学家、法学家；哈贝尔勒，后来成为经济学家，出任维也纳大学和哈佛大学教授；莫尔根斯泰因，经济学家、博弈论先驱；马赫卢普·弗里德里希·雅诺西，历史学家。其中，哈贝尔勒和马赫卢普后来都担任过美国经济学会会长。不定期参加讨论的还有艺术史家奥托·贝内施和约哈内兹·韦尔德，音乐理论家和律师温特尔尼茨，心理分析学家韦尔德尔。虽然哈耶克的“精神兄弟会”和米塞斯的“私人讨论会”有个别重合，但“精神兄弟会”

吸引了更多的学者参加，讨论的话题更广泛，涉及文学、绘画、音乐史、历史和政治哲学。讨论会的惯例是，发言者必须提交精心准备的论文，而且不允许讨论自己专业领域的话题。哈耶克试图结识各个学科的才子，而不仅仅是经济学家。讨论会一般是在私人家中举行，一家一家轮流做东，不吃晚餐只准备三明治和茶，通常参加者不超过一打，而且没有女性。正是米塞斯的私人沙龙和哈耶克的讨论小组，成为当时维也纳经济思想和文化思想的摇篮。后来，由于受到维也纳大学一批反犹主义倾向严重的经济学家的干预，沙龙逐渐消失，而且一批犹太会员被著名的全国经济学会开除。早在 1927 年，米塞斯就预言："自由正在奥地利衰亡，我们所有人都不得不背井离乡。"哈耶克回忆说，1932 年 9 月，他回过一趟维也纳，当时"一大群各专业领域的学者们聚会，米塞斯突然问大家，这会不会是我们最后一次相聚。大家起先都觉得有点奇怪，而米塞斯却解释说，再过 12 个月，希特勒就会掌权。当时大家都不相信，大笑起来"。1931 年 1 月底到 2 月初，哈耶克应伦敦经济学院的邀请就"价格与生产"问题发表了 4 次极受欢迎的演讲，并使他得以执教该院。在 20 世纪 30 年代复兴的"反集体主义"的思想运动中，涌现了 5 位杰出的思想家：凯恩斯、哈耶克、波普尔、熊彼特、贝弗里奇，除凯恩斯和哈耶克外，其他 3 位都与伦敦经济学院有关。伦敦经济学院对20世纪的民主社会主义同样具有深刻的影响。拉斯基、理查德·托尼、格拉汉姆·华莱士、艾德礼、达尔顿、西德尼·韦伯等，也都曾在此工作或执教。哈耶克任教于伦敦经济学院后，在该院的学报《经济学》上出尽风头，他连篇累牍地尖锐批评凯恩斯的经济理论。凯恩斯当时执教于剑桥大学。

哈耶克在伦敦经济学院很快就结识了著名民主社会主义者拉斯基。拉斯基是犹太人，被誉为“英语世界最重要的社会主义知识分子”，“塑造了如此多的新兴国家的未来领袖的精神”。第二次世界大战后许多新兴国家和地区的领导人都曾在拉斯基手下学习过。后来当过美国驻印度大使的经济学家加尔布雷斯曾参加过哈耶克在伦敦经济学院的讨论课，他说，印度第一任总理尼赫鲁思想的“核心”就是拉斯基的观点，“印度是受拉斯基思想影响最大的国家”。哈耶克非常了解拉斯基，对他非常反感。他后来回忆说：“那是在1939年8月，晚饭后，拉斯基就俄国布尔什维克创造的奇迹喋喋不休地讲了一个多小时……然后，他不得不停下来，因为大家要听9点钟的BBC新闻广播。结果我们听到新闻中说，希特勒和斯大林签署了协议。这让拉斯基恼羞成怒，不仅是因为俄国人这一背信弃义的行为，也因为他在20多分钟前毫不吝啬地赞美的那套制度遭到了普遍的唾弃……自那以后，我再也不可能把他视为头脑清醒的人。”但哈耶克还是同拉斯基来往频繁，不仅因为他们同为犹太人，也因为他们都是狂热的书籍收藏家。但 1944 年哈耶克的《通往奴役之路》出版后，他们之间的友谊就彻底结束了。

罗宾斯是伦敦经济学院经济系的主任，被认为是 20 世纪 30 年代该院经济学家中的思想领袖，约翰·希克斯、科斯、阿瑟、刘易斯等多名诺贝尔奖得主曾在他手下工作。从哈耶克一进入该院起，罗宾斯就对他另眼相看，并为他的思想所折服，尤其是哈耶克对凯恩斯的批评。当时罗宾斯入主的伦敦经济学院与剑桥之间的竞争达到白热化。首相麦克唐纳于 1930 年任命了一个 5 人组成的“经济学家委员会”，以评估大萧条时期的经济状况，罗宾斯和哈耶克都是委员，而凯恩斯则是委员会主席。但罗宾斯和凯恩斯互相较劲，合作很不愉快，哈耶克率先批评凯恩斯《货币论》的文章就是罗宾斯安排的。哈耶克的评论，奠定了未来若干年内他在伦敦经济学院的位置，因为该学院历来就对凯恩斯和剑桥没有好感。哈耶克严厉地批评了凯恩斯，认为凯恩斯的表述艰涩、不够系统、含糊其词，希望凯恩斯“先停下来，从而为下一步的讨论奠定一个更坚实的基础”。在剑桥，人们觉得，哈耶克是在与剑桥的思想战斗中替罗宾斯和伦敦经济学院打头阵的人。与此同时，由罗宾斯和哈耶克在伦敦主持的讨论课也异常火爆，吸引了相当多的学生和老师。正如罗宾斯所言："活着本身就令人惊喜，而年轻则是天堂！"

凯恩斯与弗里德曼为20世纪最显赫的两大经济学家，他们非常欣赏资本主义文明的价值，但明确反对社会主义（生产资料的共同所有）和共产主义（所有财产的共同所有）。在批评马克思主义时他毫不留情："我怎么可能信奉这样一种学说呢，它青睐烂泥巴而不是鱼，它把乡巴佬似的无产阶级置于资产阶级和知识分子之上，后者尽管有这样那样的缺陷，但也起码具有生活的品位，也确实承载着人类一切进步的种子。"1935年，他写信给萧伯纳说："上周，我又骂了老马（指马克思）一通，我读了刚出版的马恩通信，发现他们毫无长进……我看得出，他们发明了某种喋喋不休地诉苦的途径，一种恶劣的文风，他们的后辈把这两点都一点不落地继承了下来……"哈耶克刚到伦敦时，凯恩斯还是他心目中的一位"英雄"。难道不是凯恩斯"才有勇气抗议1919年和约中有关经济问题的条款"？哈耶克和他那一代年轻的维也纳人都称赞"这本文采斐然的书，直言无忌，思想独立"。即使是他们后来的关系弄僵了，哈耶克仍对凯恩斯的许多方面称赞有加，他"能够同时做无数的事情：教经济学，组织芭蕾舞演出，搞金融投机，收藏绘画，开办投资信托公司，为剑桥学院筹集资金，还是一家保险公司的董事，实际经营着剑桥艺术剧院，亲临剧院关心旅馆提供的食物和酒水这样的细节问题”。

凯恩斯把哈耶克给镇住了，很多人都有这种感觉。凯恩斯在答复哈耶克对他的评论时大为光火，部分原因在于，他觉得自己以前对哈耶克很友善。因为，1927 年年初时，哈耶克曾烦请凯恩斯给他买一本书，并送给凯恩斯一本他的任教资格论文。对这个不请自来的礼物，凯恩斯写信道谢，确实非常友善，这可是一位世界著名经济学家给一位还不到 30 岁的年轻人写信啊！凯恩斯对来自哈耶克的批评非常反感，他猜想哈耶克想以对自己的批评来进入英国经济学界，并借此讨好罗宾斯。他们通了几封信进行交流，但凯恩斯措辞激烈，充满着冷嘲热讽。即使是在哈耶克后来发表了《通往奴役之路》一书后，凯恩斯给哈耶克写了一封广为人知的赞扬信，但在信的一开头，凯恩斯仍旧警告哈耶克：“你不要指望我会完全接受你书中的那些经济学思想。”有趣的是，所有的哈耶克信徒，后来都投奔到凯恩斯的门下。

哈耶克认为，凯恩斯的成功在一定程度上由于他广泛的兴趣和令人信服的人格魅力，以及他娴熟的英语和无可匹敌的演讲技巧。而哈耶克的课堂却不同，虽然他学识渊博，面带微笑，但讲话声音太小，想法太多太杂，而且英语蹩脚。他的一位学生回忆说：“听到哈耶克要来给研究生讲课，大家都很兴奋，都跑去听他的第一堂课。他开始用英语讲课，结果大家都听不懂，有人建议他用德语讲，结果还是听不懂，最后只好放弃他的课。”约翰·加尔布雷斯曾在伦敦经济学院做过访问学者，他对哈耶克和罗宾斯主持的讨论课记忆犹新：“哈耶克的讨论课可能是经济学历史上大家说话最有挑衅性的聚会。研讨课的主要内容就是全面深入地告诉哈耶克，他为什么不对。有一次，哈耶克教授坐在他主持讲话的那张小桌子前宣布：‘先生们，我上次已经说过，今天我们讨论利率理论’。这时，他的一位学生插话，对利率概念本身提出批评，‘荒唐’，他说，‘这是贪婪的资本家的概念’。其他人七嘴八舌地议论。哈耶克耐心地听着，强忍着一言未发，直到下课。”

哈耶克从专业经济学理论转向更为广泛的社会研究的关键性著作，是收进1935年出版的《集体主义经济计划》一书中的论文。社会主义的经济计算问题，是奥地利学派一向关注的问题。早在1920年，米塞斯就发表有关文章，对社会主义进行质疑：一个没有价格的经济体系是否有可能存在？社会主义社会如何有效地进行组织管理？烤鸭怎样会飞到同志们的嘴边？米塞斯的论证核心是价格问题，价格至关重要，必须得有私有财产的价格和竞争性市场，否则没有交换体系，就很难出现有效率的经济决策。有关社会主义的论战分为两个阶段，在10年后的一篇文章中，哈耶克指出：20世纪20年代是米塞斯跟社会主义者进行这场论战，30年代则由哈耶克出战。在资本主义体制下，面临的最大问题是谁最适于管理资源的问题，这个问题同样困扰着社会主义体制。“市场社会主义”——即试图把社会主义与市场融合起来——“不过是件赝品而已”。社会主义既是一种经济理论，也是一种伦理理论，从经济学家角度分析，它在实际中很难维持下去。

如果说第二次世界大战以令人震惊的音符结束——发现死亡集中营、种族灭绝和使用原子弹，那么，它的开端同样令人目瞪口呆。希特勒在1932年的大选中掌权，并在选举中获得60%以上德国人的支持。此后，纳粹获得了独裁权力，其他政党统统遭到镇压。1935年通过的《纽伦堡法》剥夺了犹太人的公民权，禁止犹太人与非犹太人通婚。1938年，哈耶克正式成为英国公民。战争期间，哈耶克和凯恩斯的私人关系也密切起来，哈耶克经常和凯恩斯一起站在国王学院的房顶上观看炮火以消磨时间。哈耶克赞扬凯恩斯在《如何筹款应付战争》中提出的建议，这本小册子也吸取了哈耶克有关战后征收资本税的一条建议。哈耶克已经完全融入了英国。他写作了《理性的滥用和衰落》一书——后来扩充为《科学的反革命》一书，为他今后的思想找到了从个人主义入手的方法论。

战前的欧洲,费边社会主义的论调也颇有影响。“费边是古罗马的大将，以讲究谋定而后动知名。费边社会主义也认为资本主义经济制度有着根本性缺陷，但和马克思主义所主张的阶级斗争和暴力革命不同，它主张以民主宪政、和平渐进和点滴改革的方法来实现社会主义的理想，鼓励知识分子谋定而后动，对资本主义经济和社会制度进行改良。”《通往奴役之路》是哈耶克一生的转折点，对于欧洲战后的出路发挥了指点迷津的作用。这本书站在旷野上大声疾呼：极权社会主义将给人类带来道德上和经济上的奴役。这在现在似乎是常识，但在 1944 年的时候却无人知晓。哈耶克看到，第二次世界大战结束后，英国很有可能会实现全面国有化的社会主义，而他认为，这将是一个灾难性的后果。早在二战进行中，哈耶克就预言：“现在我们有必要指出一个大家不爱听的事实：我们可能有重复德国命运的危险。”在当时的大多数人来看，这种说法似乎有点危言耸听，怎么能认为英国有变成纳粹德国的危险呢？而哈耶克敏锐地发现，生产资料的政府所有——把权力集中到国家手中，其结果就跟德国和原苏联一样。

哈耶克认为：在德国产生了一种以纳粹主义为最高发展形式的思潮，推动这种思潮进行发展的人，往往具有高水平的道德素养和良好的意愿。德国人之所以痴迷于纳粹主义，并不是因为他们的性格中存在着本质上的邪恶，而是因为他们信奉了集体主义思想。问题不在于德国人为何如此邪恶，而在于：在过去的70年中，环境的影响使一套特殊的观念得以逐渐发展，并取得了最终胜利。为什么这一最终胜利却使德国人人性中最邪恶的因素发展到了极致？

哈耶克的成就就在于正确地抓住了要害：社会中大量生产资料由私人所有和支配，是自由、繁荣和民主之本。而且，通过民主手段所建立的传统社会主义，最后总是导致极权主义。而极权主义的最大特点在于，扼杀个体的自由和全面发展。

哈耶克认为，民主本身不是目的，民主只是手段，是维护国内稳定和个人自由的一种有效工具，但它不可能不出错，也不能保障个人享有充分的自由。用丘吉尔的话来说，“民主制度是各种政府形态中最不坏的一种形态”。哈耶克反对的是集体主义，而不是反对民主制度。在社会主义制度下，“阶级”并不能储蓄或投资，只有个人才能做这些事情，一切市场制度都产生于个人的自由行动中。自由社会转变为极权主义制度有三大原因：一是政府运用通货膨胀的措施来管理市场经济；二是社会公平的观念严重地威胁着市场效率和个人自由；三是委托经选举产生的立法机构来制定公众行为法规和政府法规，容易导致特殊利益集团和虚伪的“集体目标”。

哈耶克的理论虽然有些夸张，但也为西欧的一些社会主义国家敲响了警钟，同时也坚定了英美资本主义在大萧条和第二次世界大战后的信心。哈耶克还注意到，个人主义构成了西方文明最重要的核心。从犹太人提出所有人都是上帝平等的孩子的概念，到希腊人强调人文主义，到基督教关于灵魂不朽的观点，及由此而形成的人人都具有价值、基督爱每个人的观点，一直到罗马人提出的法律之下的平等思想——西方文明与其他文明不同并优于其他文明的地方，正是它突出和强调了每个个体的重要性。这就是个人主义的演变和发展过程，个人主义最重要的制度屏障就是法治。哈耶克认为，对于社会的政治秩序而言，再也没有比法治更重要的了。不实行法治而实行人治的地方，人们不可能自由。无论是个人还是政府，都要受到事先确定并公布的规则的约束，从而规范自己的行为。自由就意味着法律至上。

哈耶克开始写作《通往奴役之路》时，并不仅仅针对纳粹德国，而是将其与原苏联相提并论，并揭示东方极权主义与西方自由民主制度的斗争。由于原苏联压制不同意见，所以哈耶克认为，原苏联比纳粹德国还恶劣。几乎在一夜之间，英、美的企业家和知识分子人手一册《通往奴役之路》，这坚定了他们对资本主义的信心，尤其是那些政界人士，再不用在“充分就业”“社会保障”“免于匮乏”等概念中纠缠了，哈耶克的书成了一种警示和呐喊。1945 年 4 月，《读者文摘》在美国发表了一个缩写本，并称之为“我们这一代最著名的一本书”，结果又卖出了 60 万本《读者文摘》版。政治学家艾本斯坦在《人与国家:现代政治国家》一书中评论道:“最著名的反计划论著是哈耶克的《通往奴役之路》……各种各样的机构都广泛地发售这本著作……哈耶克相信,在计划经济中,总是‘最坏的人爬到权力顶峰’……而英国等致力于制订社会主义计划的民主国家的经验将告诉人们，‘从集体主义的角度看，绝不宽容、残酷压制持不同意见的人士，进行欺骗和间谍活动，完全无视个人的生命和幸福，对于维持计划制度是至关重要的，也是必然的’……只要哈耶克继续在伦敦经济与政治学院教授他的反极权计划体制的经济学，他将始终走在通往自由的高速公路上。”

而一个月后，丘吉尔在英国大选中也提到了哈耶克的看法。哈耶克成了大名人，而《通往奴役之路》则成了一种象征。

哈耶克在伦敦经济学院唯一保留下来的是同波普尔的友谊。波普尔回忆他们第一次相遇的情景:“我平生第一次到伦敦后，立刻去拜访了哈耶克，他对我不仅仅是友善而已。他告诉我，他的朋友曾向他推荐我那本《科学发现的逻辑》。于是，我就给了他一本；他向我保证会立刻拜读……结果下周见面时，他已经读完了，而且非常认真地同我讨论这本书，并请我去他的研讨会上宣读一篇文章。你们可以想象，这对我是莫大的鼓励。”

哈耶克不仅无微不至地体贴照顾波普尔，为他的代表作《开放社会及其敌人》找到了出版社，还写了最热情的书评，并使波普尔得到了高级讲师的职位，这使波普尔对哈耶克终生感激。1944 年，波普尔写信给哈耶克说："我觉得我从你那里学到的东西比从任何一位当世的思想家那里学到的都要多。"尽管波普尔热情地赞颂和感谢哈耶克，但他从来不承认哈耶克或其他任何人是他的权威，这或许和犹太人反对偶像崇拜的戒律有关，与此同时，波普尔也深深影响了哈耶克，两人甚至有许多思想相当接近。一位研究哈耶克思想方法的学者曾把哈耶克的方法论思想区分为两个发展阶段，第一阶段——持续到 1936 年，遵循的是维塞尔和米塞斯的观点；而第二阶段，始于 1937 年，则融会了波普尔的观点。波普尔曾回忆说："我觉得我对哈耶克的兴趣转向发挥了一点点影响。"也就是说，波普尔认为，从《自由宪章》和《法、立法与自由》开始，哈耶克阐述的所谓"法律对于确立或创建古典自由主义或自由至上主义的秩序具有核心作用”的思想——乃是得益于他。

哈耶克的世界观中高扬人的精神——个人循着自由与真理，追求一种适合他们自己和他人的生活的能力。显然他的这种认识是一种乌托邦式的，但却与基督教的认识相通。在基督教中，生活中重要的是保持精神的纯洁，出于错误的理由做好事不能证明行为者的合理性，只有基于正当的理由做的事情才算是合理的。对于个人来说，一条合乎基督教教义的道理，就是信仰自由和真理，通过自愿地从事正当行为来证明自己的信念。哈耶克认为，种种试图为改善人们的境遇而剥夺人们的自由的努力，正好摧毁了人之为人的本质。自由并不是人类的终极目标，关键还是人道的过程。但是，只有在自由的条件下，才能谈论个人的道德和伦理。

1974 年，哈耶克同瑞典社会主义经济学家缪尔达尔分享了诺贝尔经济学奖，这使哈耶克大吃一惊——自己竟然能够获奖；而缪尔达尔也很惊讶，自己竟然要跟人分享！因为瑞典一直是社会主义福利国家的典范，被一些人视为“中间道路”——开始的时候是介于法西斯主义与共产主义之间，后来则是介于资本主义和共产主义之间。然而，正是瑞典人提议创立的诺贝尔经济学奖，却在影响经济学界倒向资本主义一边的过程中，发挥了相当大的作用。对于自己的获奖，哈耶克确实非常惊讶。他以为诺贝尔奖委员会会认为他“太过时和衰老了”，应该奖励那些近年来思想比较活跃的年轻经济学家，而不应该授奖给一个在很多年前做过一些经济学研究的人，况且近年来他的学术兴趣转移，已经不再搞专门的经济学研究了。当然，他没有拒绝去瑞典领奖。他说：“既然诺贝尔经济学奖已经创立了，那么，能够荣幸地与人分享这一奖项，我当然非常高兴。不过，如果当初有人来问我是否应当设立诺贝尔经济学奖，我会毅然决然地予以反对。我担心这样一个奖项使更多的人追逐科学的时髦。”

由于索尔仁尼琴也来参加12月举行的1974年度诺贝尔奖颁奖典礼，因而这届颁奖典礼非常引人注目。哈耶克在《自由宪章》和1956年版的《通往奴役之路》前言中都曾说过，“具有强烈感染力的文学样式”对于创造一种“冷静”对待社会主义的“精神状态”具有重要作用。后来他谈到过索尔仁尼琴，他说，索尔仁尼琴是个“非常复杂的人物。由于我和他同时去参加诺奖典礼，所以结识了他。最近，我的《通往奴役之路》出了俄文版，于是我送给他一本。他显然是第一次看到该书，很快给我回了封信，说他简直难以置信，一个没有在俄罗斯生活过的人，却能跟他一样清楚地看到社会主义的后果”。

三、“控制论之父”维纳的成长轨迹

维纳是美国最卓越的数学家之一。他主张改进和加强数学与工程、医学和物理等科学之间的相互作用，这样社会就会获得深远的利益。他由于对 20 世纪的数学做出重大贡献而享有国际盛誉。他曾经是位神童，并且受业于最伟大的数学家罗素和希尔伯特，加之他是一个科学共同体的领导者，使他得以发挥科学共同体的集体智慧，抓住一切通信和控制系统所共有的特点，站在更概括的理论高度上，从而创立了“控制论”这门独立的科学。

神童中的神童

诺伯特·维纳于 1898 年 11 月 16 日出生在美国密苏里州。其父是一个俄国犹太人，18 岁空手跑到美国谋生，曾在种植园中当过劳工，后受聘为哈佛大学德文教员，再后升为该校教授。维纳自幼天资聪明，是一个神童。从孩提时代起，他就对周围的世界产生了强烈的兴趣。绝大部分的幼儿在这个时候还物状不分，他已经对世界的本性抱有极大的好奇心，甚至开始了形而上学的思考。从 4 岁起，他就学会了阅读，从此他发现了一个更加美妙的世界，五花八门的科学读物一时间涌入他的视野，他在知识的海洋中徜徉，常常流连忘返。到 7 岁时，他阅读的范围已经很广博了，从达尔文的《进化论》，到金斯利的《自然史》；从夏尔科的催眠术著作，到雅内以及萨尔派、特里埃派的精神病典籍无所不读，这些收在《洪堡文集》中印刷不很清晰的文字成了他的精神养料。

对于知识的渴望使小小的维纳整日沉浸在书本之中，高强度的阅读使他的视力受到严重损害，成了高度近视眼。尽管没有影响到他的体格，但是迫使他脱离了玩弄技巧游戏的孩提生活，这样使他本来就不很灵巧的手脚变得更加笨拙了。

中学毕业后，维纳升入波士顿附近的塔夫茨学院，14 岁毕业时获得学士学位。后来他又在哈佛大学和康奈尔大学完成研究生学业。他曾在哈佛大学学过生物学，但他的实验能力特别差，而他的数学思维能力却极其敏捷，仅仅 4 年时间，他就读完数学硕士和博士的全部课程，并以优异的成绩获得了哈佛大学数理逻辑博士学位。他的聪明不仅表现在他的数学思维上，他还有着很好的哲学思维。在中学时代，当时他还不满 11 岁，就写过一篇自认为是幼稚的哲学论文，题目叫作《无知的理论》。甚至在那个时候，维纳就已经深切地感到，借助像人脑那样不严格的“机构”，不可能创立一个完全严密的理论。

维纳是一个举世公认的神童，他的才华在他很小的时候就已崭露锋芒，而且这种闪光的智慧一直陪伴他走完光辉的人生历程。

懂40种外语的父亲

维纳的父亲身材矮小，但充满活力，感情深沉，思想活跃，反应敏捷，遇事喜欢发表自己的观点。与其说他是一个受过专门训练的学者，还不如说是个天生的学者。利奥·维纳集德国人的思想、犹太人的智慧和美国人的精神于一身。他习惯于压倒周围人，这种意志是受极度强烈的感情所驱使，并非想驾驭别人的特殊愿望。父亲是在书面德语为母语的情况下长大的，后来去了柏林。他在旧柏林理工学院学了几个月的工程学，当时这所学校还没有从柏林市中心迁到它在夏洛腾堡后来闻名于世的校址。父亲在那里所受的学术训练是短暂的、颇费周折的。他后来离开了德国，去执行一项朦胧的计划，想在中美洲某个地方建立一个博爱的、素食主义者的聚居地。

这个计划从来没有被很好地构思过。另一个投奔维纳父亲的年轻人很快就发现这纯粹是去冒险，所以很快就放弃了这项计划。而维纳的父亲却只身来到美国，他流落在新奥尔良，全身只有 50 美分，根本没有到达中美洲。有几年他在西部和南部过着马克·吐温小说中的哈克贝利式的生活。最后他发现可以通过一条迂回的道路重返他最适宜的生涯：从事语言学的工作。他先后在堪萨斯城中学和密苏里大学教了一段时间的书,接着他进哈佛大学,于是开始为《苏格兰民谣》撰写文章，并得到了主编的荐举。这使他获得哈佛大学讲师的职位，在许多年后，他终于当上了斯拉夫语言的文学教授。

维纳的父亲是一个热忱的学者，兴趣广泛，远远超出斯拉夫语的范围。他自认为是一个德国式的大学者，这使他产生了一种矛盾心理。在家里听别人说外语成了维纳生活中常有的事，他父亲大约能说 40 种语言，他那么精通语言；而由于他作为一个教师坚决要求准确和流利，结果令人有点奇怪，他几乎完全禁止维纳母亲和孩子们说第二种语言。维纳在这样一个父亲的熏陶下生活，也成为一个同周围大多数人截然不同的人。他之所以成为学者，在一定程度上归因于父亲的意愿，同时也是他命中注定的。维纳怀有强烈的好奇心，而他父亲坚持要他接受严格的训练。他自己学习科学，他父亲以得天独厚的优势引导他学习各种古代语和现代语，还有数学。维纳对所有这些科目都有兴趣，只不过偶尔的兴趣，根本达不到他父亲要他一丝不苟地熟练地掌握知识的要求。这些要求是严格的和令人痛苦的，但是，由于他完全理解父亲的正直和智力，所以也就忍受下来了。

他所接受的那种艰苦的训练把他同世界隔绝开来，还赋予了他一种敢作敢为、不讨人喜欢的纯朴品质。他也常和别的孩子玩耍，可是他并不太受他们的欢迎。父亲的训练，造成他的孤独，使他性格复杂，心情多变，当他意识到自己的能力时，就变得自负；当他不管其含义而照直接受父亲对他的缺点的责备时，或者当他想到所受的那种极为古怪的教养迫使他走的那条通往成功的路是如此漫长而又捉摸不定时，他就心灰意冷。而且，他一直把父亲作为一种可接受的敢作敢为的楷模。然而，这种敢作敢为的精神是自然的，而且有合理的部分，因而对他的伤害比原来含有的要小。

过度的恋父情结纠缠了他大半生，他很少有自我独立的时候，而与父亲成了典型的古老中国式的父子关系，直至父亲去世后他才获得了彻底的解脱。然而他父亲对他的影响却是导致了他成功的重要因素。父亲自立的气质影响了他的个性和习惯。父亲的能力不仅来自他高度的智力，还出于他勤奋不懈的工作所做的补充。他亲眼看到，父亲在两年的时间里完成了翻译托尔斯泰的24卷作品这项艰巨的工作，因而搞垮了身体。父亲要求自己做到的，也要求儿子做到，打从孩提时代起，他就从来也不满足于过去的成绩。

维纳不仅继承了父亲的基因，而且还得到了他认为适合自己的训练。如果他没有父亲的禀赋，那他就不会成为父亲训练的对象，而如果没有父亲的训练，那他从父亲那里继承过来的潜能就很可能非常散漫，并无法发挥出来。父亲自己的一部分观点和给予他的一部分训练，乃是理论和实际的彻底结合。父亲是个语言学家，他认为语言的历史不是类似生物那样的几乎孤立的有机体的成长过程，而是各种历史力量的相互作用。在父亲看来，语言学是文化史学家的一个工具，就像铲子是考古学家手里的工具一样。毫不奇怪，一个不满足于对语言做形式的和抽象的研究的父亲，其儿子也必定不满足于那些不接触物理学的数学家所特有的那种浅陋的数学观。

名师出高徒

1914年，维纳获得博士学位以后，哈佛大学颁发给他出国奖学金，他来到了英国剑桥大学，受教于数理逻辑大师罗素。这次离家是他第一次开始真正单独的生活，一定程度上摆脱了长期以来对父亲的绝对服从，并开始能够领略到一个独立工作的人所享有的自由。维纳跟随罗素学习数理逻辑和许多有关科学与数学哲学方面的知识。他和一些同学一起攻读罗素的数理逻辑著作，还学习罗素推荐给他的其他课程，其中的主要一门是高等数学，指导维纳的是 G.H. 哈代。哈代后来成为牛津和剑桥两所大学的教授，也许还是他那一代英国数学界的泰斗。维纳在哈佛大学的博士论文是关于数学的哲学。罗素告诉他，要做好数学哲学方面的工作，只懂得数学是不行的。

在剑桥大学学习了几个月，正值第一次世界大战爆发前夕，维纳又来到哥廷根大学，求学于兰道和希尔伯特。兰道出身于一个富裕的犹太银行家庭，在某种意义上，兰道也曾是一个神童。希尔伯特则完全是另一种类型的人，一个来自东普鲁士的温文尔雅、有农民气质的人，诚挚谦虚。希尔伯特不断地向现代数学各个领域中的许多难题挑战，在每个领域中，他都做出了重大贡献。他代表着 20 世纪初期数学的伟大传统。对于维纳来说，希尔伯特成为他所向往成为的一类数学家。希尔伯特能够把抽象的能力和对物质现实的实事求是的认识很好地结合起来。在剑桥大学的时候，罗素使他牢牢记住了不仅数学是重要的，而且还需要有物理概念，同时建议他学习卢瑟福和其他人对原子理论和物质本质理论的那些新发展。那时，维纳在这些学科上没有取得太大进展，但他至少已经预习了关于原子核的理论；由于这一理论，后来发现了元素嬗变，进而制造了原子弹。这一理论现在占有同爱因斯坦的相对论并驾齐驱的地位。维纳也是从罗素那里了解到相对论的重要性的。在哥廷根大学的学术气氛影响下，他更能够理解罗素对物理学的关心。

数学史上曾发生了一场关于数学本质的大论战，形成了三个著名的学派。逻辑主义的代表人物是罗素和怀特海，他们的基本观点是“数学即逻辑”。在罗素看来，“逻辑即数学的青年时代，数学即逻辑的壮年时代”，数学只有逻辑推理的形式外壳，没有几何和物理意义。由于没有实际的内容，当然也就无所谓真假。直觉主义的代表是布劳威尔，他把数学思维理解成一种创造性程序，数学必须受到基本的数学直觉的限制。他最惊人的主张是不承认排中律，认为数学理论的真伪，只能用直觉去判断。第三派是形式主义，它的代表人物是希尔伯特。形式主义者认为，无论是数学的公理系统或逻辑的公理系统，其中基本概念都是没有意义的，其公理也只是一行行的符号，无所谓真假。迄今为止，这场争论仍未停止。

维纳幸运地就学于这三大流派的两大掌门人之下，所以在某种程度上来说，他能够进行伟大的创造并不奇怪。他是在逻辑主义传统下培养长大的，能够从罗素那里学到精湛的分析艺术与公理化系统；他又参加了形式主义的工作，从希尔伯特那里学到大胆的构造。最可贵的是他能够洒脱自如地跳出思想对立的老师各自的范式，兼收并蓄，焕然一新，形成自己的特色，在两种不同的思想之间保持必要的张力。可以设想，如果维纳的一生中缺少这段学习经历，他很可能不会发现控制论。

清华大学的教授

在剑桥和哥廷根短暂的访学以后，维纳受命于父亲的召唤，1925 年又回到美国。他有志于从军，但高度近视的眼睛使他没有上前线，而在阿伯丁射击场编制高射炮射击参数表，这些经历对他日后的自动控制研究十分有益。战后他又回到大学。1920 年，维纳获得麻省理工学院数学讲师的职位，这是他一生的转折点。在麻省理工学院，他如饥似渴地学习新的数学知识。泛函分析、勒贝格积分、测度论这些刚形成不久的数学分支，给维纳以极大的满足。他研究湍流，考察布朗运动，改进吉布斯的统计力学，这些都是开创性的工作，尽管当时还不系统，但却已使得维纳成为最著名的数学家。这时他只是一个优秀的纯粹数学家。他对概率论、数理逻辑、调和分析的研究十分重视。他关于赋范分析的几条和巴拿赫的提法完全一致。由于上述成就，1931 年他被选为美国数学会会长。维纳的学生中有一个中国人，叫李郁荣，是贝尔电话实验室送到麻省理工学院的代培生。当时，维纳想把拉格尔函数用于一种滤波器。“滤波”就是尽可能恢复一个被噪声干扰搞混的时间序列问题。李郁荣做了他的助手。经过一年多的时间，李郁荣改进了滤波器设计，成功地设计了用光学方法得出的傅立叶变换滤波器，从此他们走上了一条共同合作的道路。在维纳的指导下，李郁荣获得博士学位，回国在清华大学任教授。

回国后的李郁荣积极向校方建议邀请维纳来华讲学。1934 ~ 1935 年期间，维纳收到清华校方发出的邀请信，具体是梅贻琦校长和工学院院长兼电机系主任顾毓琇，邀请他来华讲学一年。维纳对中国之行充满激情。他不仅为了旅行本身而热爱旅行，更主要的是父亲教育他知识世界作为一个整体，每个国家不管地位怎样崇高，都只不过是这个世界的一个地区。他从来就认为，欧洲文化比任何伟大的东方文化更优越，只是历史上暂时的插曲，因此他迫切希望看看这非欧罗巴国家，通过直接考察来了解这些国家的生活方式和思想方式。

不久以后，他从日本来到中国。在清华大学安居下来之后，他参加了数学系主任熊庆来的宴请。他在清华大学讲课用的是英语，所有的学生都能容易地听懂。这些学生后来不止一个从事数学和电气工程研究，分布在中国和美国的各个大学里。课余时间，维纳常常在教学楼附近啜饮由系里的公务员泡的茶，跟同事一起下象棋、五子棋或围棋。

在一年多的时间里，他和李郁荣博士继续合作，发明了新式继电器，这项发明作为专利被贝尔电话实验室买去，锁在保险柜里，变成一纸空文。但这个成果使维纳考虑到把滤波技术应用于测定生物神经和肌肉的电势功能，为以后的控制论打下基础。抗日战争的炮声打断了维纳和李郁荣的继续合作。1936 年，维纳取道海上去奥斯陆参加国际数学家会议。维纳对中国人民的抗日战争深表同情，后来曾多次声援和募捐，并要求美国帮助中国共产党领导的部队。

控制论的诞生

具有犹太血统的维纳回国以后，从 1940 年到 1945 年，参加了反法西斯战争的工作。德国飞机危及英伦三岛，入侵飞机的速度超过了用人的目力控制高射炮所能反应的限度。维纳在一项空防工程中研究飞行曲线，和工程师比格劳合作解决预测问题以及设计实现这个理论装置的结构，这很自然地涉及反馈，即用理论位置和实际位置的误差作为输入来加以调节。这是生物神经控制活动的一种典型机制。他称这种方法为负反馈，他们用这种负反馈来控制战舰炮的电力输入。当高射炮瞄准的方向和计算所指示的高射炮应当瞄准的方向不同时，这个差用来调节炮塔的电力输入，使炮塔更接近于所希望的位置。

他请他的朋友——神经生理学家罗森布吕特博士——注意这个由比奇洛和他一起产生的想法。维纳等所提的具体问题是：有没有这样已知的神经错乱，病人在静止时不颤抖，但当试图做某种行为，例如拿一杯水时，他就越来越厉害地摇晃直至这行为失败。罗森布吕特博士回答说：这种病态状况是很有名的，称为动作震颤；这种错乱的病灶往往在小脑。小脑控制我们有组织的肌肉活动和这活动发生的水平。因此，他们关于反馈在人体控制中起很大的作用的猜测为下述确凿事实所证实：反馈的变态同正常和有组织的人体行为的一种公认的变态形式非常相似。

1946 年夏天，在法国南锡大学举行了一次民间有关调和分析的数学会议，维纳应邀参加。事实上，这次会议基本上讨论他的思想。在这里，他认识了一个出版商，布尔巴基团体的创造人弗赖曼。应弗赖曼的要求，他答应写一本书。

维纳被这件事弄得很苦，首先使他感到头疼的是：取什么书名及为这个论题取什么名称。控制论这个术语是他能够找到的表达这个概念所适应的一切领域的控制技术和科学的最好词语。维纳有关控制论的思想的整个背景都在于他早期工作的经历。控制论除了在现有的科学中所起的作用以外，还必定影响到科学哲学本身，尤其是科学方法和认识论即知识理论的领域。因此，从控制论的观点看，世界是一个有机体，它结合得既不太紧密——只有完全失去所有方面的一致，才能在某些方面发生变化，但也不太松散，以致任何一个事物跟另一个事物能同样容易地发生。这个世界既没有牛顿物质模式的那种严格性，也没有最大熵即热寂状态的那种没有细节的灵活性，在热寂状态不会发生真正新的东西。这是个“过程”的世界，但不是“过程”导致终极热寂平衡的世界，也不是一切事物发生之前就由像莱布尼兹那种先定的和谐所决定的世界。

在这样一个世界里，知识本质上是认识的过程，在时间的尽头从宇宙的渐近态中去探索终极的知识是没有用的，因为这种渐近态（如果存在的话）完全可能是无时间的、无知识的和无意义的。知识是生活的一个方面，必须在我们活着的时候加以解释，如果它需要加以解释的话。生活是个人和其环境之间的相互作用，而不是以永恒的形态存在的方式。这些就是维纳在撰写控制论一书时头脑里所反复考虑的主要思想。1948年，他的名著《控制论：关于在动物或机器中控制或通讯的科学》出版。这本书立刻使维纳从一个在他所研究的领域中有良好的、但有限的声誉的科学家一跃而成为一个知名人士。《控制论》是他以前从未写过的那些问题的一个新的解说，同时也是集他的思想之大成。此书极为通俗。它用朴实的语言说明动物（包括人类）、自动机器和有机体的控制和通信的共同因素，现已用于控制理论、自动机理论、计算机程序和决策过程。

维纳之所以能够创立控制论，主要是由于他拥有一个良好的科学共同体。在这个共同体中，有工程师、电工学家、生理学家、数理逻辑学家、计算机设计家、心理学家、数学家、经济学家等各种人才，这样使他能充分利用这些人的特长，发挥集体的智慧，在共同的范式下来攻克这个科学难题。当他回忆起当时的科学工作法：到科学的空白地区做适当的查勘工作，只能由一群科学家来担任。他们不像一群下属围绕一个司令官，而是由于想要理解整个区域和相互取长补短的愿望。另外，这个科学共同体发扬了真正的哥本哈根精神。成员们常常自由地围桌而坐，谈话无拘无束，不许任何人摆架子，这样就能够使成员之间交流没有完全定型的思想，甚至是一闪念。有时请一个人宣读一篇论文提要，然后再接受一通尖锐的批评；有时在一起工作一段时间，各种专家讨论一个共同的问题。维纳的《控制论》就是在墨西哥国立心脏研究所写成的。1943 年，其中的一些人在普林斯顿高级研究所开过一次会，1945 年，在墨西哥数学会议上又碰头过一次。1946 年在纽约召开过一系列讨论反馈问题的会议。1947 年春，维纳到英国和柏林讨论了控制论的思想。到 1947 年，他的划时代著作才定稿。

1953 年 12 月，维纳到印度进行了为期 7 周的讲学旅行。在孟买他参加了新建的原子能研究所的奠基典礼，奠基之后他出席了一个主宾是尼赫鲁的聚会，有机会见到了这位世界知名的政治家。此后他又去了艾哈马达巴德参加印度科学院的大会，这里的主角是物理学家和诺贝尔奖获得者拉曼爵士，拉曼是一个应用物理学家和优秀的实验家，维纳在此做了两次讲演：一次是关于他在量子论方面想做的工作，一次是有关预测论。当他返回孟买以后，正值印度科学大会在海德拉巴举行。孟买有不少印度和外国第一流的科学家，因此维纳获得了一个教学相长的良机，这是他印度之行得益最大的部分之一。他在印度积极从事新的创造性工作，而不是仅仅介绍已经做过的工作，这一事实使他更加靠近印度的数学家，超过他本来所能希望的程度。

晚年的维纳，思想仍然十分活跃，兴趣不断转移。他一生的学术活动似乎就是一个负反馈过程。他以敏捷的思维、惊人的记忆力和对实践的高度重视，不断开拓出新的学术领域，由一个纯粹数学家变成一个应用数学家，而且在诸多领域均有建树。

1964年，他到斯德哥尔摩讲学，3月18日，因心脏病猝发逝世，终年70岁。对于维纳本人来说，他的心脏不允许他的头脑再多运转几年，这无疑是一个巨大的损失。但是值得欣慰的是，在最后的日子里，他看到由他开创的控制论已进入第二代。20世纪70年代以后，有人提出频域、时域(状态空间法)统一处理的新方法，被称为控制论的第三代发展。

四、“世界语之父”柴门霍夫的理想

世界语从诞生到现在已有 100 多年的历史了。今天，全球至少有 1 000 万人在学习、运用和推广世界语，并且还有更多的人正在开始了解这种语言。于是，我们不能不想起它的创始人——柴门霍夫。他平凡而又伟大、谦虚而又高尚。从少年时代起，他便将自己全部的爱倾注给全人类，他成功创造世界语时，年仅 18 岁！作为一个理想主义者，他是过于天真的，因为他认为人类的纷争是因语言不同而引起的。结果语言创造出来了，人类的残杀并没有因此而结束，反而愈演愈烈，最后他自己也在人类的第一次大悲剧中与世长辞。

一个充满幻想的孩子

柴门霍夫 6 岁的时候，俄国二次革命刚刚结束，到处都留下血迹、泪痕和辛酸。为了分散人民的愤怒，俄国政府背信弃义、竭力挑拨各民族之间的关系，使之互相争斗。

在立陶宛的土地上，有四种不同的民族居住在城市里，即立陶宛人、波兰人、犹太人和俄罗斯人，他们目的不一、语言各异、信仰不兼容。条条街道都笼罩着不信任和猜忌，广场上则每天都有侮辱、复仇、迫害和仇恨。在这不幸的土地上，柴门霍夫诞生了。他超越了各民族的利己主义，毕生追求实现一种世界大同的理想。

柴门霍夫出生于比亚韦斯托克城的一个犹太人家庭。父亲是位儿童教育家，母亲是位家庭妇女。从父亲那里他继承了聪明才智，而母亲又把她的善良谦虚的品质遗传给他。小柴门霍夫聪慧、谦逊、善于思考、勤于学习，虽然固执点，却从不粗声粗气。在课堂中，他已显露出非凡的才华，教师们都很欣赏他。他举止安详、温文尔雅，因此被同伴们称为“男爵”。无论在学校中，还是家中，他绝不板着脸孔以高人一等自居。他脸色苍白，体质羸弱，的确像个小孩子，但他作为一个庆祝会和远足的出色筹备者，却又是一个活泼而快活的少年。他最喜欢跳舞，但一碰到功课中的难题，他又是个助人为乐的顾问了。

小柴门霍夫亲身感受到了各民族间的仇视和猜忌，特别是犹太人的不幸。在他家木屋的窗外，他亲眼看到一桩令他终生难忘的事。一个长着典型的长胡子的犹太人从街上走来，他的脸上忽然给射中了一个雪球做成的子弹，有一发正中他的眼睛，脸颊上流出血来，这位老人痛苦不堪……“不要叫，犹太鬼！”基督教的孩子们高声喊着，并“哈拉、哈来、哈里、哈罗、哈噜”地嘲笑般学着没人懂得的希伯来语，四散了。一个俄国中尉见此恶意地笑道：“离开人行道快走吧，你们这些贱种！”另一个军官厌恶地吐了一口唾沫。

这种侮辱，使他感到愤怒。作为一个心地善良的孩子，他曾为同一国土上的居民之间如此生疏而感到痛心，他曾为整个世界的相互仇恨而觉得痛苦。那时，在他那善于思考的小脑瓜中，已经形成了一个计划和愿望：“将来”，到他“长大成人”时，一定要消除这个恶果。

他抛掉了一个又一个的五花八门的幻想，但有一个想法却常常萦绕在他心头，这就是创造一种人类共同语言的理想。他渴望着并孩子气地反复盘算着，哪一种语言才能被全世界采用，波兰人憎恨俄文，俄国人不要德文，德国人不容忍法文，法国人拒绝英文。怎么办呢？只有中立语言才能让大家都满意，既没有侵犯，也不必嫉妒。假如人人除了自己的语言外，都学会这种语言，到那时候，他们都能够相互了解了，他们可以直接交往了，发生冲突的可能性就小了。

为此，他充满热情地学习希腊语和拉丁语。他发表热情洋溢的演说呼吁人们复活这两种古代的语言，并为了共同的目标而应用它。在亚历山大时代，难道不是整个文化世界都说希腊语吗？在光辉灿烂的文艺复兴时期，难道不是所有欧洲的科学家和有识之士都用拉丁文来辩论吗？

然而，这两种语言也有不可克服的局限，它们全是古老的形式，缺乏现代的表现手段。较为合适的应该是这样一种语言：它不仅使知识分子，而且也能让平民百姓一学就懂，一懂就能应用。

于是，柴门霍夫便开始来创造一种新的语言。一种语言，如果它想具有永久的使用价值，那么，它就必须有活的语素。在他看来最好的办法是从欧洲语言的共同源泉中吸取营养。拉丁日耳曼的词典，也许是最富有国际性的。它的元素，无论有多少，英国人、法国人、西班牙人、意大利人、荷兰人、德国人、斯堪的那维亚人、斯拉夫人，都能认识。比如 horo(小时)，karto(卡片)，vino(酒)，bruna(棕色)等单词，确实是同时属于 13 种以上语言的。然而造一种语言，毕竟是巨大的事情。丰富多彩的语法，厚厚的词典，千万条短语，使年轻的中学生感到吃惊。怎样才能使这种语言变得完美无缺呢?

一次，在街上，蓦然间的领悟，使他得到启发。“当我还是中学六年级学生时，我偶然注意到我已多次见到过的横匾‘Svejcarskaja’(传达室)，后来又注意到一块招牌‘konditorskaja’(糖果店)。这个‘skaja’使我产生了兴趣，它向我展示了利用结尾词可以从一个字造出其他字来的方法，而且那些新字无须专门学习。我突然感到我的双脚踩着了坚实的土地，一线光明照到了那可畏的大词典之上，它们在我的眼前迅速变小了。”

从那时起，他就研究各种语言开头词和结尾词的使用。发生、滋长、反复演变，其变化真是惊人！绝大多数语言的开头、按结词，用得很盲目而且杂乱无章。如果把它们能充分地有规律地利用起来，一本大字典就可以从数量很少的词根上繁衍和派生出来。

在这几年中，柴门霍夫在从事语言研究的同时，内心陷入了极大的痛苦中。尽管他母亲是个虔诚的宗教信徒，但在自己的童年时期，柴门霍夫对宗教失去信心。16 岁那年，他看不到生活有什么意义，人为什么而工作？为什么而生存？人是什么？为何不马上死去？对于他，一切都是徒劳，一切都是讨厌的，少年柴门霍夫这时的相片，带着某种生硬而忧郁的表情，表现出他的悲哀。

渐渐地，他给自己找到了信仰。他领悟了大自然的某种意义。对于人类的目的，他感觉到一种高尚的、更确切的含义。对于生和死，他形成了自己固有的看法。

17岁那年，在内心他感觉到了一种强有力的灵感。于是，他便更加热情地回到创作上来。

1878年，柴门霍夫已是华沙中学的最后一个年级的学生了。那时，他的语言方案已经准备就绪。几个同学对他的工作产生了兴趣。他也很乐意把这种新的语言介绍给他们。他们之中谁也没有预料到会有如此简单的事情，有六七个人甚至热情地把整个语言都学会了。这年12月，朋友们聚集在柴门霍夫的家中，兴高采烈地庆祝这种语言的诞生。他们高唱着博爱的赞歌：

各民族的仇恨，
倒下吧，倒下吧，该是时候了！
全人类应该团结起来，
合成一个大家庭。

1879年6月，中学毕业了，同学们各奔前程。柴门霍夫对事业的热情追求以及他的为人，使他们对他十分敬佩，以致他们开始宣传这种语言了。但是，正如柴门霍夫后来忧郁地回忆道："一遇到成年人的嘲笑，他们马上就灰心丧气了，到头来只剩下我孤零零一个人了。"大凡人类历史上的伟大的思想家，几乎无一例外地有着如此的遭遇，不过，柴门霍夫在家中受到的打击更重要了。当时，父亲对他的努力似乎还没有表示出什么反对，因为孩子各门功课的成绩都很优秀。但现在毕业了，该是选择职业的时候了，父亲的态度也有所改变。

父亲的同事常常向他进言，要他注意儿子的想法："一个年轻人，有如此顽固的念头，准会发疯的，让这样有才干的人断送在空想中，是多么可惜啊！"父亲最关心儿子的将来。如果孩子是不务正业的"空想家"，那会有什么出息呢？父亲的权威使柴门霍夫不得不暂时放弃自己心爱的工作。这种牺牲是沉重和痛苦的！

父亲用一根粗绳把他那心爱的词典、语法和翻译的稿子捆在一个包里，锁在一个书橱里。

为伊消得人憔悴

根据父亲的建议，柴门霍夫去了莫斯科，成为一所医学院的大学生。生活是艰苦的，他每个月只靠 19 个卢布来维持生活，在攻读医学的同时，他常常想着他的世界语。屈从于父亲的权威，暂时放弃自己的理想，这使这个年轻的大学生十分痛苦。

两年终于过去了！ 1881 年夏，柴门霍夫回到了家中，并在华沙继续攻读医科专业。一次，柴门霍夫问母亲，世界语的底稿放在什么地方，有空的时候他想将它通读一番。母亲一言不发地低下了头，脸上淌满泪水。聪明的柴门霍夫立即猜到了。原来，父亲为了能“挽救”自己的儿子，竟将原稿通通烧掉了！

几年的心血化为灰烬，这对他来说是一个打击。然而，这没有什么，所有的一切他都滚瓜烂熟地记忆在心中，只要父亲能收回诺言，给他自由。

柴门霍夫找到父亲，平静地说出自己的想法。看到儿子如此执着的追求，严厉的父亲动心了！最后，父亲终于满足了他的请求，但有一个条件：在大学毕业以前，不能对任何人说起自己的工作。

柴门霍夫又开始了自己的世界语研究工作。整整6个年头，他修改并试验着自己的语言，翻译各国作家的作品，用世界语创作，并高声朗诵写下的每个字……许多形式,在理论上看来似乎很好,但一经使用，就感到别扭，这儿笨重，那儿难听。

他开始了世界语的清理工作,从构词、文法到发音,他都一一加以检查，对于那些还不完善的东西，他毫不吝惜地将它们删去并重新创造。

“天才是长期的耐心。”渐渐地,这种语言活起来了,它已经不再是别的语言的影子了，获得了自己的生命、自己的精神、自己固有的性格。到这个时候，世界语才真正诞生了。它在公布之时，就已经是一种活的语言了。在这种语言中，作者倾注了不少的情感，一种新的渴望人类大同的愿望。

整整6年中，他处于一种沉默状态，这是一种难以忍受的孤独！他没有对任何人谈起自己的工作，他深居简出，什么业余活动也不参与。在社交场合，他觉得自己是个陌生人。一生中最美好的时期，就这样忧郁而痛苦地过去了。在沉默中，他也曾写过这样一首诗来抒发自己的心情：

在远离尘世的田野，在夏日的傍晚，
同伙中的一位女友在唱着希望之歌。
她又满怀同情地叙述那被毁的一生，
这重创了我的伤口，使我痛苦万分。
……

然而，有一次“一位女友”猜中了他的秘密。一个犹太商人的女儿捷尔宾妮克，偶然在姐夫家遇见了柴门霍夫，聪明而活泼的姑娘很认真地观察了这个沉默而又胆怯的青年人，他有着宽大的前额，明亮而深沉的目光。爱情来到他俩之间。一天，柴门霍夫向姑娘说出了自己的这个秘密。她理解他，并决定加入他那种自我牺牲的生活。在爱人的鼓励下，他决定将自己的著作公布于世。

出版商，他确实已经找了多年，但都毫无结果，没有人愿意拿钱来冒这个险。他尝到缺钱的滋味，一种新的磨难开始了。

然而他的语言已经到了非发表不可的时候了。正当他默默无闻地在对这种语言进行不断完善时，一种新的名叫窝拉朴克的语言发表了，虽然不久它就自生自灭了。

正当柴门霍夫焦急之时，出现了一个助人为乐的人，他就是捷尔宾妮克的父亲，他理解女儿的未婚夫，并热情支持他。

1887 年夏天，根据岳父的建议，柴门霍夫和捷尔宾妮克举行了婚礼，7 月 14 日，在岳父的赞助下，他的世界语付印了！柴门霍夫异常兴奋。“我觉得我已经站在卢比孔河之前了，从此之后，我已经再也没有后退的可能了。”

这一本小书是用俄文发表的。随后不久，波兰文、法文、德文、英文的版本都相继问世。所有的版本都有一篇用世界语写的序言，以及 16 条规则的全部语法和 900 个词根的两种语言的小字典。书的第二页上发表了一个声明：作者放弃一切所有权，因为“国际语如同其他民族语言一样，是公共的财富”，书中签署的笔名是：希望者博士。

在华沙一所简陋的房子里，柴门霍夫和妻子开始把这本小册子寄给各国的报馆和个人。他们不停地写着人名和地址，还要给各家报纸送登小广告。他们就这样度过了共同生活的最初 6 个月。生活是紧张的，也是甜蜜的。

接着，便是焦急的等待。难道人们竟盲目得连这 10 年劳动的成果都不读一读吗？

回音接踵而来，或提出问题，或给予忠告，或热心建议，或盛情赞扬，甚至有些信件已经是用这种新语言写的了。它已经成了活的语言。很快，就有许多人来报名参加这种语言的研究推广，于是一个团体形成了，柴门霍夫是多么欣慰啊！

他觉得从那时起，自己已置身于同志们中间。他甚至还更满意地想到，这语言现在已经找到群众，不久就可以自己生长起来了。在第二本书的序言中，他满怀希望地写道："作者到那时候完全可以退出舞台，被人忘却。从此之后，我是活着，还是将死去，与这事业已毫不相干，就像某种活的语言的命运，与这个或那个人的命运毫不相干一样。"

1889 年 10 月第一批地址录发表，里面有 1 000 名全球各地的世界语者的名字。爱因斯坦和他的俱乐部放弃窝拉朴克语转而学习世界语了。同年，他们创办了一种名为《世界语者》的刊物，开始了国际的世界语运动。

但也就在同时，生活环境的恶化又开始折磨柴门霍夫了。来他诊所就诊的病人寥寥无几。他从岳父那里接受的钱是为了出版书籍，而为了家庭，他不愿接受他的接济。他一定要自食其力。那时，两个孩子都已出生。而这年轻的医生又重新到别的地方行医。在黑海边的喀尔逊，他努力过，但没有成功。1890 年 3 月，他俩又重新回到波兰首都。

在那里，柴门霍夫根据同志们的愿望，担负起杂志《世界语者》的出版任务。几乎所有的人都是穷光蛋，付订费的不过百人左右。经过一段时间，他已耗尽了一切力量和财源，一家老小生活得相当窘迫。祸不单行，恰巧在这个时候，母亲又得了重病。柴门霍夫痛苦万分，一切似乎都显得漆黑一团、毫无希望。如果停止了出版这本核心刊物，那么全部事业的发展很快就会终止。

这时又出现了一位救星——汤姆彼得，一个勤劳而谦虚的测量师。他理解柴门霍夫及其事业。他拿出了自己的所有收入，刊物总算保住了。

1892 年，他最敬爱的母亲去世了，这在柴门霍夫的心灵上留下难以医治的创伤。两年后，生活问题又变得十分严峻了，于是他举家迁往俄国，在这里既有令人激动的事情，也有不幸的事情在等待着他。

柴门霍夫对文豪托尔斯泰早有所闻，然而，小心胆怯的他，不敢冒昧去找托尔斯泰。只是当 1888 年小册子寄发时，在众多的邮件中，也寄给了他一本。之后音讯全无。6 年之后，俄国“中间人”民众出版社因对世界语产生兴趣，而去征求这位著名作家的意见。“6 年前我收到世界语的语法、词典和用这种语言所写的文章之后”，托尔斯泰回忆道，“至多经过两个小时的学习，我即使不能用这种语言来写作，但至少也可以自由地阅读它的原文了……我多次看到，只是由于相互了解的语言障碍，人们才互相仇恨的。这样，世界语的学习和推广，无疑是基督徒们帮助人类创造大同的事，这就是人生主要和唯一的目的。”

没想到大文豪的观点和自己的观点是如此一致，柴门霍夫把这封信刊登在世界语的杂志上，他激动不已。之后不久，1895 年在该杂志的第二期里，又刊登了托尔斯泰的《信仰与理智》的译文。但是，为此杂志却遭到俄国当局的检查而被禁止进入这个帝国。真是晴天霹雳，因为杂志的绝大多数订户都在那里，出版不得不停止了。官方的巨象踩着了一只小小的蜜蜂。世界语者们的联结物，就此毁于一旦。悲哀和沮丧笼罩着这个小团体，同时柴门霍夫又挣扎在生活的荆棘中了。

所幸的是，播下的种子在另一个地方发芽了。同年底，《国际语》由瑞典的一个世界语俱乐部出版。自此以后，世界语传播这一崇高的运动就没有中止过。

掌声响起来

母亲去世后，为了照料父亲，柴门霍夫携家人回到华沙。此时，他又开始了眼科医生的生涯，但收入微薄。诊客只付 40 戈比，有的甚至一个子也不付。一般的眼科医生都要价很高，所以，许多人害了眼病，宁可瞎了也不去就医。现在终于来了一位好心的医生，并使许多人重见天日。不久，他的候诊室里从早到晚都挤满了人，他成了一位慈善家。

他友善地对待精疲力尽的工人们，他们也非常信任他。如此忙碌的工作，使他难以有时间从事他那伟大的工作。不过给人类带来健康，也使他得到慰藉。

只是在晚上，他才抽空从事他心爱的工作。他也常常想念着他的希伯来病人。他在家里只讲波兰话，并且自命为人类的一员，但是，这个不幸的民族的命运却占据了他的心。大学时代的他，就已经从犹太复国主义者的圈子中发现了过分的沙文主义色彩。同样对“同化主义”的反对党，他也不喜欢。因为他们是以另一种沙文主义来代替沙文主义。按照他们的意见，犹太人应该隐藏起来，让人忘却他的民族，变得比波兰人还要波兰人，比俄国人还要俄国人。在他看来这是虚伪的，理解与信任才是根本。

按照他的信仰，人们对于自己的种族、国籍无须骄傲地强加于人，也无须羞愧地隐匿起来，它们应该是自由和真诚的。宗教、语言和种族都是个人的事。在有些国家里，宗教作为法定的制度已经废除。从今以后，还要把国家与祖国分开。犹太人要成为这一国或那一国的助人为乐的公民。他们要博爱和平地与别的民族在利他的基础上团结起来，如此它将同时作为犹太人和人类的一员而存在，这是最重要的。学习中立的国际语言，可以使全世界的犹太人团结起来，而同时又可以使他们在平等的基础上与其他民族相结合。

本着这种用意，柴门霍夫发表了一本用俄文写的书，以便在这幅员辽阔的帝国中找到读者，书名叫《希列尔主义》。然而，他的书没有在俄国的犹太人中唤起多少热情。对于各种党派，它是两头不讨好的，它太理想化了。从各个方面传来的只是批评和猜疑。只有少数人理解并赞同他，沙文主义者们都不喜欢他。偏见的压力重新使他受罪，心灵的孤寂再次使他痛苦，但他的信心仍毫不动摇。

此间，世界语的运动发展更快了，已在 12 个国家建立了团体和创办了杂志。在法国有几个重要的社团都支持世界语运动。也是到这个时候，第一次世界语大会才在法国的布洛涅城召开。

怀着一种莫名其妙而惴惴不安的心情，柴门霍夫期待着这个时刻的到来，但是否真的要到那里去，起初他是踌躇不定的。旅程和费用都很昂贵，何况他从未在众目睽睽之下上过台。他不会当众演讲，那么多的陌生的面孔看着他，为难极了。

然而他终于还是走了一趟。他顺从了世界语者们的愿望，并小心翼翼地准备了发言稿。确实有必要对同志们讲一讲心里话，要把共同事业的最高目的向他们解释清楚。

一星期后，他到了繁华的巴黎。到处都是欢呼，到处都是赞誉，市政首脑们在市政厅里接见了他，教育部长授予他荣誉勋章。在埃菲尔铁塔之巅，他与法国最有名望的学者们共进午餐。

在所有这些盛典上，他态度谦和，稍显局促不安，却总是慎重周到。这些日子，对于不善交际的他，实在是沉重的繁文缛节。然而他明白，这有助于公众对世界语的广泛了解，所以他耐心地忍受了这一切。

但是，真正的喜悦在布洛涅城等待着他。在那里他将遇见各国的弟兄，在那里他将感到置身于“大家庭”中。

在这海滨小城的街道上，到处飘荡着绿五星的旗帜，在作为会场的剧院四周，听到的都是世界语的声音。头戴法兰绒便帽的英国人，身着盛装的法国人，穿着旅行服的波兰人、俄国人和荷兰人，以及搭着彩色披肩的迷人的西班牙女郎，在广场上相互交谈着，他们相互了解了，各民族间的壁垒正在倒下。

夜，祝福般地降临了。街道昏暗下来，人们匆匆赶来参加开幕式。几乎没人见过柴门霍夫，大多数人只是靠他的著作，或者靠挂在会址上的照片才认识他。随着音乐响起，全体起立，柴门霍夫与大会主席团一起走上讲台。矮小的、怯生生的他激动万分。此时，手、帽子和手帕都在空中飞舞，人们怀着崇敬的心情瞻仰着这位大师。

当他在当地市长致敬词后站起来时，欢呼声再次雷动起来。但是他已经开始演讲了，喧闹声戛然而止。大家重新坐下来，鸦雀无声，只听到他的声音：

亲爱的同志们，为着一个把我们联结在一起的伟大理想，而从世上远远近近的国家来到这里，互相友爱地紧紧地握着手的所有的兄弟姐妹们，我向你们致以敬礼。

今天的日子，对于我们是神圣的。在我们的大会上，不存在强大的民族和弱小的民族，也不存在有特权的民族和无特权的民族，谁也不受屈辱，谁也不感到窘迫，我们大家都站在中立的基础上，我们大家完全是权利平等的。我们大家都觉得如同一个家庭的成员一般。经过好几千年的彼此隔阂和互相斗争，现在，人类各民族成员间的相互了解和友爱在布洛涅城实现了。并且，一经开始，它再也不会停止……

当柴门霍夫在再次响起的、经久不息的掌声中坐下来时，许多人的眼睛都湿了。一种东西，一种心心相印的东西，将大家联系起来，什么事情都不能将它摧毁。

1905 年 1 月 9 日，成群结队的俄国贫苦工人聚集在彼得皇宫前，要求起码的政治权利，沙皇命令近卫队开枪射击，制造了“流血星期天”。沙皇的暴行激起人民的反抗，俄国境内各民族纷纷起义，争取独立。统治者故技重演，挑拨各民族间的关系，犹太人的处境更加悲惨。目睹了这可憎的景象，柴门霍夫心里特别压抑，他感到自己有责任揭穿统治者的阴谋诡计，告诫各民族要摆脱仇恨，从而避免无益的自相残杀。因此，1906 年他出版了一本名为《人类一员》的书。在短短的序言里，柴门霍夫简要地概括出该书的主要精神：

人类一员主义是一种学说，它给人以一种避免民族和宗教原则上的种种虚伪和诋毁，并且站在中立的基础上，站在相互博爱、平等与正义的原则上，与各种语言宗教不同的人互相交往的可能，并不使他与自己的祖国，也不使他与自己的语言和宗教相脱离。

出于一种美好的愿望，柴门霍夫提议，“人类一员”的成员用中立的、非民族性的名字来称呼所有的国家，如加拿大 (Kanado)、瑞士 (Srisujo)、秘鲁 (Paruo)，或者首都名称之后加一词尾“—io”作为国名，如 (Berlinio) 德国，(Peterburgio) 俄国。

他天真地认为，“人类一员”将在世界上日益增多，不断地交往将使他们在中立语言、中立宗教习俗及原则的基础上受到教育，这样，所有的人都将渐渐地、无所冒犯地、完全自然地融合而成一个伟大的人类民族。

为此梦想，他贡献出自己的一生。

未竟的事业

经过几年的发展，世界语的影响不断扩大，学习这种语言的人越来越多。作为这种语言的创造者，柴门霍夫受到更多的人的尊敬和爱戴。他被尊为大师，但这使得他很不安。

1912 年 8 月在波兰召开了世界语 25 周年纪念大会，柴门霍夫在隆重的开幕式上做了感人肺腑的告别演说：

这次大会，是你们看见我站在你们面前的最后一次了，这之后，如果我还能来的话，你们将会看到我只是在你们中间了。

这正是柴门霍夫的性格。在次年的世界语大会上，他辞去一切领导职务，谢绝做大会演讲，甚至也不坐在主席台上了。他和夫人坐在大会代表的中间，他觉得自己能够自由地呼吸了。

同年，他的《人类一员主义》一书在西班牙出版，在序言中，柴门霍夫详细地解释了三个概念："世界语"是一种国际语言。"世界语主义的内在理论"表达了对于建立在中立语言基础上的人与人之间趋向大同的一种感情与希望。"人类一员主义"则是完全特定的政治宗教纲领，"它是表达我纯粹个人信仰的"。

他进一步写道："人们可以在自己的语言或宗教团体的内部生活，保持本民族的语言和宗教，而同时在民族间的一切关系方面，运用中立人的语言，而且按照中立人的道德、风俗和生活方式生活。"

然而，大师的美好愿望终究未能实现。1914 年第 10 次世界语大会在巴黎召开，7 月 30 日，当柴门霍夫途经哥洛尼之时，世界大战挡住了他的行程，整个欧洲正投入一场血腥的厮杀。

太迟了，太迟了……柴门霍夫的心中，有一种东西破碎了。

病魔和忧伤压抑着他的心。现在他长留在家里了，走动和呼吸都变得困难了。四周蔓延着恐怖的战争，大炮的轰鸣越来越近了。飞机向城里扔着炸弹，有一颗甚至落到他住宅的附近。但他毫不惧怕，危险又算得了什么？令他更痛苦的是，到处散发着的憎恨和沙文主义的激情。战争毒害了一切，而无辜的百姓则变成了炮灰。

华沙的生活也变得十分可怕，到处都充斥着俄国军队，到处都在掠夺，波兰人在颤抖，而最不安的是犹太人。暴行向他们劈头盖脸地袭来，柴门霍夫尽管病魔缠身，但他还在为筹划召开人类一员大会而工作。

他愿意把自己的热情献给全人类，当全世界都在沙文主义的毒害下互相厮杀时，他仍忠于自己的理想。他已经拒绝参加计划在巴黎举行的“犹太同盟”成立会。他在给筹委会的信中写道：“我自感不能不置身于此事之外而表歉意，因为依我的信仰，我是‘人类的一员’，因而我不能使自己依附于某个特定的民族或宗教的目的或理想。”

1915 年复活节时，他在世界语刊物上发表了《致外交使团》一文，在该文中，柴门霍夫指出，只有一个决定能够把欧洲从野蛮残暴中拯救出来，这就是公布并确立如下的原则：“每个国家在精神与物质上都一律平等地属于它所有的孩子。”要实现此目的，必须用中立的地理名称，而不是用民族的名称来命名这些国土。

1916年底，柴门霍夫的健康状况又恶化了。大批大批的世界语者死去了，这使他感到难受极了。“为什么老是他们死去，而总轮不到我？”他独自问道。即使在这种情况下，他仍然在为召开人类一员大会做准备，甚至通函都写好了，计划在瑞士召开，然而，由于战争，时间一次次地被推迟了。

1917年4月14日，他的夫人刚刚把大夫送出门口，柴门霍夫就突然窒息了。他想呼喊，但声音却哽在喉头。当夫人把他扶起来的时候，这颗为人类如此强烈跳动的心，已经永远停止了跳动，将那未竟的事业留给了他的继承者们。

由于战争的阻隔，全世界绝大多数的世界语者不知道他们心爱的大师已经离去，为数不多的人代表全世界的世界语者向他们的导师告别。没有一个政府官员来参加，有的只是一般平民百姓、穿着工作服的希伯来区的贫苦诊客，还有许多感恩的青年……

五、勇于创新的美国广播业大王佩利

佩利在一次偶然的机会中从卷烟业转向广播业后，通过自己杰出的管理能力，终于成为美国的信息业之王和广播业大王。

在激烈的竞争中，他不惜血本招揽人才，大力提高节目质量，并为了维护新闻的生命——“公正、客观和真实”,勇于挑战麦卡锡,成为美国正义之声的化身。

当然，竞争也是残酷的，为了加速企业人才的新陈代谢，他也残酷无情地“炒”掉了虽然对他有过重大贡献但又不适应时代的许多名演员和下属，被称为“微笑的眼镜蛇”。可惜的是，在他的晚年，他无论如何不愿让位于年轻人，大大限制了 CBS 的发展。

新“官”上任两把火

佩利出生于美国的一个东欧犹太移民家庭。他的父亲白手起家，在美国的卷烟业中占有一席之地，佩利从小耳濡目染，不仅从父亲身上学到许多管理知识，而且学到了出色的谈判技巧。

大学毕业后，经过一段时间的锻炼，佩利就成了年薪2万美元的烟草公司的总经理。然而，在一次偶然的机会中，他购买了行将倒闭的联合独立广播公司(UIB)的50.3%的股份，并于26岁当选为UIB总经理。到任的当天，佩利激动不已，但却未受到预想的那样热情的接待，因为办公室侍者不敢相信这位满脸稚气的“总经理”，坚持要查验证件并问明来此目的。

佩利上任的第一把火是加强管理，严格作息时间。

之后，佩利认识到，UIB的亏损在于很少有合作电台和广告客户，合作电台少则听众就少，听众少则广告客户就少，而公司原有的协作合同是业务扩展的主要障碍。原来UIB为在各电台播放的每条广告向电台支付500美元，同时又要求各电台，若要播放UIB提供的其他节目需缴纳费用，而各协作电台又缺乏资金，UIB的节目也不出色，结果购买UIB节目的电台就很少。

于是，佩利的第二把火就是修改同各协作电台的合同。他答应每周向各电台提供20个小时的商业赞助节目(较前增加10小时)，不过其中有个花招，前5小时由UIB免费提供，但电台也必须无偿播放UIB的普通节目作为补偿。合同中另一变动是，各协作电台不得与其他广播公司合作，节目也要与CBS相一致(此时佩利已将UIB更名为哥伦比亚广播公司，即CBS)。

此举一出，深受各电台的欢迎，再加上佩利在洽谈会上笑容可掬，伶牙俐齿，又手段灵活，南方的12家电台一同在新合同上签了字。1929年1月8日，佩利在广播中自豪地宣布自己的广播网已拥有42座城市中的49家电台，数量之多居全国之首。其时，CBS在佩利上任仅一年就扭亏为盈，1931年的年纯利润达235万美元。而当时美国正值经济危机，多数企业正在为生存而苦苦挣扎，所以佩利的表现非常引人注目。

“挺起胸膛，产生身为美国人的自豪感”

佩利上任之初，在发展了大量的协作电台后，又以39万美元的巨款自己买下了一家电台，这使CBS的资金一下子紧张起来。

当时，由于佩利经营有方，加之美国收音机的销量与日俱增，使CBS的股市行情一度看涨。正当佩利为资金周转而发愁时，全美最大电影公司派拉蒙电影公司要求购买CBS的半数股票，幸运再次光临。

佩利的开价为500万美元，相当于一年前他购买时价格的10倍，最后双方经一番讨价还价，以450万美元成交。由于佩利和派拉蒙各执CBS的一半股份，双方议定CBS仍由佩利经营；付款方式上佩利急需现金，而对方提出以派拉蒙的股票代替，并告诉佩利，派拉蒙当时的股价虽然为每股65元，但一年后就会升至150美元。佩利则针锋相对，他可以接受派拉蒙股票，但如果今后两年CBS获纯利润200万美元，派拉蒙须以每股85美元的价格买回其股票。对方觉得对己有利，也接受了这一条件。于是，CBS股票持有人获得价值380万美元的58823股派拉蒙股票，而且有权在两年后要求对方以500万美元的价格买回这些股票（当然，两年内CBS须获利200万美元），双方皆大欢喜。

1929年的美国经济危机，使派拉蒙的股价在两年后跌至每股9美元，而CBS两年内获利超过200万美元，对方必须以每股85美元的价格买回自己的股票，500万美元的现金难以筹措。最后，双方又经过讨价还价，佩利拿400万美元买回派拉蒙所持CBS股票，这样佩利不仅又掌握了CBS的全部股票，而且又拥有500万美元的派拉蒙股票。由于当时CBS的股市正看涨，佩利将部分股票发售，轻而易举地获得200万美元。31岁的佩利已成为真正的百万富翁。

此外，为了提高节目质量，佩利千方百计增加广告收入，其时佩利的主要目标是美国烟草公司的新产品"克雷默"香烟。在联系这笔业务中，佩利先后几次去找烟草公司的总经理希尔，但希尔对他的广告设计均不满意，这使佩利心灰意冷。在"最后一次"交谈中，佩利灵机一动，说CBS准备请通俗乐队演奏军乐，使

“克雷默”的烟民“挺起胸膛，产生身为美国人的自豪感”，并进一步提议了客户向往已久的广告中要首先强调其 5 美分的低廉价格，另外说明此烟由机器而非人的唾液卷制而成。结果，希尔一下子被打动了，而且此项广告大获成功，使 CBS 名声大噪，广告客户不断涌来。

“我需要的是他美丽的歌喉，才不管他是否准时守约”

20 世纪 50 年代曾有人评论：“佩利不是个创新者，更非冒险家，他只热衷放置诱饵，能预见到将取得轰动的节目。”而若想取得能够轰动的节目，是和优秀的人才分不开的。

1931 年 6 月，佩利在驶往法国的邮船上听到同行旅客正在播放一个陌生歌手的唱片，优美的歌声使他为之惊叹。问明歌手的名字后，他立即给 CBS 总部打电报：“与名叫克罗斯比的歌手签订合同”。

几周后，佩利返回纽约，却发现无人执行他的命令。CBS 工作人员找到当时在加州某小乐队的克罗斯比，但调查后，却不愿与之签约。克罗斯比不仅酗酒成习，而且参加演出时经常迟到。

佩利非常恼火，他生气地说道：“我需要的是克罗斯比美丽的歌喉，才不管他是否准时守约”。于是，CBS 请来了克罗斯比，但这位无名歌手出口要求得到1 500 美元的周薪，如果有赞助商则增至 3 000 美元。佩利觉得要价过高，但他的确富有才华，于是他不惜金钱答应了这个要求，并将其领进 CBS 办公室，向职员们热情介绍这位未来的大明星。

起初甚至佩利也有点动摇，正如预料地那样，克罗斯比很不守时，参加在 CBS 的首次演出时也迟迟不至。然而，他的声誉却日隆，很快就成为美国“歌王”。

在20世纪30年代，尽管克罗斯比等歌星名噪一时，但在对观众的影响力方面，CBS 仍不及老对手 NBC。佩利懂得节目受欢迎程度是公司影响力大小的晴雨表，能决定广告客户的选择，CBS 要想超过 NBC，只有与 NBC 争夺人才一条路可走。

1945 年，CBS 负责节目制作的是位年仅 20 岁的年轻人马丁。马丁是来自加州的“农村孩子”，对公司上层人事关系和筹款理财一窍不通，却有种特殊直觉：了解听众的兴趣，抓住他们的脉搏。佩利给予他自由发挥创造的机会。马丁回忆说：“给予我的预算是 100 万美元，而且不附带任何额外要求，当时这可不是小数目。佩利采取不干预做法，如果节目取得成功，他会写张便条，告诉我他是多么喜欢这个节目。”而事实上马丁也不负众望，做出侦探连续剧《悬而未决》等三部饮誉一时的节目，大多得到商业赞助。

当然，单靠优秀的节目制作人员并不能使 CBS 战胜 NBC，优秀的演员才是提高知名度的关键。不幸的是，多数电视表演明星聚集在 NBC 旗下，想说服他们改换门庭似乎希望渺茫，然而在 1948 年事情出现转机。佩利接到美国音乐公司的电话，问他是否有兴趣购买《阿莫斯与安迪》节目，这个节目已在 NBC 连续播放 19 年，一直是该公司最受欢迎的节目之一。

佩利对这一节目垂涎已久，多次企图说服《阿莫斯与安迪》转入 CBS，但均告失败。20 世纪 30 年代早期，他曾走进两人的办公室，自我介绍后直接提出建议："我不知道你们在 NBC 的收入，但你们前途似锦，我会给你们相当于这里两倍的工资。"两位演员大吃一惊，表示说他们已同 NBC 签订长期合同，不能背信毁约，佩利只得悻悻而去。但到此时，他们与 NBC 签订的合同已到期。1948 年，CBS 做出令广播业目瞪口呆的举动，收买了《阿莫斯与安迪》节目。

CBS 的节目安排格局也发生变化，以前晚间节目传统的做法 (NBC 首先实行并坚持) 是平衡安排各类节目 (包括喜剧、歌剧及音乐等)，佩利则改弦更张，用《阿莫斯与安迪》等节目将星期五夜晚变成"喜剧之夜"。

初战的成功刺激了佩利的欲望，他又在打本尼的主意。本尼的成功使佩利尤为痛心，因为他是在 CBS 崭露头角后被 NBC 挖走的，本尼的节目都被安排在黄金时间，他连续 16 年保持广播之王的地位，是 NBC 吸引听众的王牌。此时他自己组织了娱乐事业公司，并准备将之拍卖，佩利拟出资 226 万美元购买本尼的公司。但不巧的是，NBC 已听到 CBS 收买明星的传闻，提出更为优厚的条件以挽留本尼。

佩利需要本尼，他决定亲自出马，施展个人魅力说服他。本尼接到佩利请求加盟的邀请，为他的真诚和热忱所感动，便建议在洛杉矶与之面商，并暗示说 NBC 其他喜剧演员也会步其后尘。

佩利于是立即前往加州，在贝费利山庄饭店建立据点。有趣的是，NBC 董事长犹太人萨尔诺夫也在此下榻。萨尔诺夫虽然财大气粗，但他生性俭朴，对好莱坞明星奢华的生活屡有微词，虽然了解他们对 NBC 的重要性，但却不屑与之交谈，甚至在 NBC 工作多年的本尼也未获召见。而佩利的作风却与萨尔诺夫正好相反，他平易近人，很愿意同演员们接近。

另外，萨尔诺夫只愿花费有限的金钱来满足演员们的贪欲。本尼要价百万美元，遭到萨尔诺夫的拒绝，因为他本人也未挣到这样多薪水，而且在他看来，本尼虽誉满全国，却只不过是个演员而已。

佩利很快发现，仅仅本尼本人同意也是不够的，还需征得其赞助人的许可。该赞助人与本尼有合同，有权指定本尼所效力的广播网。于是，佩利很快找到其赞助商，并不惜血本做出令人难以置信的许诺，CBS 愿意为本尼节目听众人数的减少而向其赞助商赔偿损失。这一系列的举动，使本尼大受感动，再加上重金的诱惑和佩利和蔼可亲、善于听取下属意见的魅力，本尼很快就转入 CBS 工作。

佩利经常与演员们促膝谈心，设法使之感到自己在总经理心目中的特殊地位。他和伯恩斯的交往最有风趣。一次,佩利和本尼夫妇,以及伯恩斯共赴洛杉矶。午宴中，佩利对伯恩斯的表演前仰后合，捂着肚子喘着粗气，冲进卫生间以恢复平静。

收买 NBC 名演员不仅使佩利得到乐趣，而且也使 CBS 的节目在听众中的知名度直线上升。1949 年，在全国评选的 15 部最佳节目中，CBS 就占了 12 部。

挑战麦卡锡

在美国广播发展史上，CBS 新闻节目具有其特殊地位，对美国社会产生了深远影响。

当时，佩利对新闻业务非常感兴趣，认为新闻节目对听众有很大的吸引力，提出 CBS 有义务向听众提供“公正、客观、真实”的新闻报道，于是，先后于

1929 年开辟了《空中教父》《街头宣传员》等新闻综述栏目，但均因为播音员在广播中言辞过激或不表示中立态度而被迫取消。

此后，佩利选定了著名记者默罗担任新闻综述的主持人。默罗思想丰富，能言善辩又衣饰得体、声音悦耳，描述绘声绘色，风度迷人，简直是佩利本人的化身。从 1938 年开播对欧洲新闻的现场报道以来，深受听众喜欢，尤其是对欧洲危机的报道，水平超过了 NBC，为此佩利任命默罗为驻欧洲首席记者，得到专项拨款，并有权自行招兵买马。

20 世纪 50 年代初，麦卡锡主义在美盛行一时，使佩利和 CBS 一贯奉行的公平报道原则受到严峻考验。麦卡锡 1946 年当选为美国参议员，此人原本不学无术，但为了能连任，故意编些耸人听闻的故事来哗众取宠，尤其是大肆渲染共产主义的威胁使他扬名天下。他一度指控 205 名国务院工作人员为共产党员，虽然没有可靠的事实，但 205 名人员却遭到厄运。当时，谁也不敢和麦卡锡相左，有许多名人被他搞臭搞倒。一时全国对共产主义的恐惧达到极点，动不动就要被审查历史，一旦有蛛丝马迹和共产主义有牵连就要惨遭厄运。参议院许多人对麦卡锡畏之如虎，他们深信麦卡锡有消灭胆敢对抗的所有人的权力。

默罗认为，“麦卡锡的所作所为是彻头彻尾的卑劣行为”，他渴望在广播中揭露其罪恶，并将自己的事业、家庭的安危置之度外。于是，在佩利的支持下，默罗终于下决心开办《现在看吧》这个栏目，公开抨击麦卡锡主义。

1954 年 2 月，默罗在了解到麦卡锡对战争英雄兹维克将军信口雌黄的诬蔑时找到新的突破点，决定尽快予以回击。在播出前后，佩利对默罗大无畏的勇气非常钦佩，对他的发言稿给予了充分肯定，并安排了保卫人员暗中保护在节目播出期间到外地“度假”的默罗的家属，同时积极向联邦调查局胡佛局长汇报节目安排，避免使默罗遭到来自联邦政府的压力。佩利对麦卡锡的伎俩也非常了解，专门聘请华尔街著名律师为任何诉讼活动做好准备，又征求了英国首相丘吉尔等熟知默罗的外国领导人的签名。他还尽可能多地陪伴默罗，考虑在麦卡锡对默罗进行公开诽谤时该如何做出反应。

有趣的是，华盛顿官员唯一的反对意见来自艾森豪威尔总统，他通过佩利的好友表示自己的失望和不满——CBS 竟向麦卡锡提供在电视上发表反驳意见的时间，并承担多达 2.5 万美元的制作费用。佩利致信总统予以解释：“我们对争论一直采取公正、平衡的政策，因而必须向我对其有反对意见的人提供同样机会。”总统回答说，他对 CBS 表现出的公正而高尚的作风感到满意。

1954 年 3 月 9 日，默罗抨击麦卡锡的播出日子到了，一早佩利就给他打来电话:“今晚我和你站在一起，明天也要与你在一起”。佩利的话使默罗感激不已。事实上，节目播出后收到了意想不到的效果，无数人感激他们的勇气和胆识。

随着形势的发展，麦卡锡一伙的真面目逐渐暴露在公众面前，他很快陷入四面楚歌的困境，参议院通过了对他的弹劾案。在公众舆论的一致谴责声中，麦卡锡主义很快销声匿迹，默罗及其背后的佩利，成为美国正义之声的化身。而佩利所倡导的“新闻节目中没有谩骂嘲讽”，以及“新闻分析应是对事实的阐述和解释，不应有丝毫的歪曲和偏见以及将编辑的意见强加于人的想法，人的本性决定，任何新闻人员都难以完全摆脱自己的偏颇经历和成见的影响，百分之百的客观也许不可能，最重要的是，新闻评论员和分析家应有保持客观公正的愿望与决心”，也成为新闻广播中行动的指南。

“我绝不退休!”

虽然佩利平时和蔼可亲，但他逐渐膨胀的权力欲使他对不尊重他的人和对公司无用的人毫不心慈手软，先后有许多名演员和几任做出过重大贡献的副总经理都被“炒”掉了。每次“炒”人之前他都不亲自出面，都要由总经理斯坦顿出面宣布他残酷的决定，致使许多人将愤怒归罪于斯坦顿，但知情人都称佩利为“微笑的眼镜蛇”，尤其是后来他对泰勒、贝奇和威曼的解雇，大大限制了CBS的发展。

美国广播界内人人皆知，CBS之所以能成为美国最大的广播公司，与总经理斯坦顿对日常事务的呕心沥血、运筹帷幄是截然不分的。佩利虽有节目制作方面的天才，但对公司内部管理却并不过问，实际上是斯坦顿在指挥整个CBS运转。对CBS的多数雇员来说，佩利已成为遥远而神秘的特殊人物，公司的发展使他越来越高高在上，他的每个幻想都要不惜代价加以满足。斯坦顿给人的印象则不同，他对事充满耐心，不厌其烦，事无巨细，一抓到底，任劳任怨。佩利遇到棘手问题都要交给斯坦顿解决，尽管他有时有不同意见，一旦佩利拍板，他都会全力执行，即使解雇人、充当打手的角色，他也毫无怨言，从无必要担心他会阳奉阴违。此外，斯坦顿的献身精神还表现在他辛勤工作却从不肯为自己要求额外报酬，甚至为了CBS放弃了到华盛顿担任内阁部长的机会。于是，佩利退休后，斯坦顿继任董事长是众望所归。

然而，结果却太出人意料了，在1966年3月份的董事会议上的最后几分钟，佩利却突然改变了主意，表示自己“绝不退休”。为此，CBS内外许多人为斯坦顿愤愤不平，他们相信佩利不退休将权力正常移交斯坦顿，对公司的发展无疑是一场悲剧。

不久，斯坦顿在沉默中退休，总经理由泰勒继任。泰勒有头脑、有思想、有个性、有经验，很快就赢得下属们的尊敬，并在三年内就使 CBS 赢利 4 亿美元，这样的成绩是无与伦比的。然而，泰勒却不是那种俯首帖耳的人，对佩利高高在上对他的盲目指手画脚从不买账，常常会坚持己见、直言不讳。正因为这些，佩利将他解雇了，这同样使许多人愤愤不平，局内人则一针见血地指出：“这就是佩利的真面目”。

舆论界为泰勒打抱不平，《商业周刊》评论说：“CBS 兴旺发达，佩利却举起大斧，除掉了功臣。”任何批评都动摇不了佩利的决心，他又为自己选择了合适的接班人——贝奇。

上任之初，贝奇工作并不顺利，CBS 节目的收视率已落后于 NBC，合作电台的数量甚至少于 NBC。贝奇以开放乐观的态度迎接这场挑战，经过他的经营，到 1979 年，CBS 重新成为美国最大广播公司。然而，佩利却对贝奇在工作紧张时候仍有闲情去学飞行及渴望早日代替自己的“野心”很厌恶，于是解雇了贝奇。贝奇的被解雇使舆论界再次为之大哗，华尔街的股票市场也引起振荡，甚至使 CBS 董事会的所有成员都对佩利不满，但都无济于事。不久，佩利又选择了新的接班人威曼。

威曼鉴于几位前任的结局，婉转地向佩利提出，后者应在适当的时刻退休。这也得到董事会多数成员的共鸣，他们也觉得再让这位昏庸老人为所欲为，势必影响 CBS 的前途，佩利勉强答应在一年左右的时间内退休，由威曼接班。

1981 年春，佩利正式退休。但这并不代表他完全不管 CBS，多年来，公司已成为他生命的一部分，他还要密切注视公司的发展。但年老的他已跟不上时代发展的步伐，很少花时间去进行市场调查和金融分析，只一味提出各种脱离实际的建议。起初，威曼及其同僚对佩利的指手画脚尚能容忍。但忍耐是有限度的，用来应付佩利种种要求的时间太多了。威曼不得不委婉地向董事长提出，董事会一般性会议他不必参加，只对最后的决议表示意见即可。

佩利对此异常愤怒，却暂时无可奈何。威曼已在 CBS 站稳脚跟，并以出色的表现赢得人心。在他就任董事长后第一年,CBS 总收入 46 亿美元,纯利润达 2.12 亿美元，这是佩利在任时远未能达到的成就。

但是，出人意料的是，佩利经过几年的准备，1986 年成功地赶走威曼，重任 CBS 董事长。85 岁的佩利在生命垂危之际又重新执掌了大权。

六、“计算机之父”冯·诺伊曼

约翰·冯·诺伊曼是出生于匈牙利的美国籍犹太人，他或许是现在正在消失的一类人的最后一个实例，这类人就是能够囊括理论数学和应用数学的数学家，并和西拉德、爱德华·特勒以及尤金·维格纳等匈牙利科学家一道，为人类做出了卓越的贡献。在数学研究领域，他对逻辑、集合论、李群、测量理论、算子环（现在称作“冯·诺伊曼代数”）、博弈论以及自动控制概念，都做出了创造性的贡献。他杰出的数学才能，不仅为计算机的诞生奠定了基础，而且还被应用在美国的政治、经济和军事的决策中。

在生活中，他是一个粗心大意的人。有一次，生病的妻子请他倒一杯开水，他却不得不问杯子放在哪儿，尽管他们同住一所房子已达 17 年之久。然而，在数学研究方面他却一丝不苟。

他最高贵的品质是为人耿直，忠于友谊，捍卫真理和正义。他的朋友奥本海默曾经反对制造氢弹，1954 年，在麦卡锡主义时期，奥本海默被停职反省，并受到审查。此时，很多人慑于政府的强大压力，做证指控奥本海默。冯·诺伊曼挺身而出，他虽然不同意奥本海默的观点，但却出来证实他的老朋友对科学的忠诚和人品的正直，力劝人们不要对持不同政见的科学家进行折磨。奥本海默后来在书中写道："令我最欣慰的是，在我受审查时，老朋友冯·诺伊曼对我做出了最公正的评价。"

天生就是神童

1903 年 12 月 28 日，约翰·冯·诺伊曼出生在匈牙利布达佩斯一个殷实的犹太人家庭里。这是一个历史上产生过著名数学家和物理学家的家庭。他的父亲是一个银行家，很受当地人尊敬，诺伊曼是 3 个儿子中的老大。童年的诺伊曼，高高的个子，有着一双棕褐色、明亮的大眼睛。他个性活泼，也喜欢沉思。据说幼年时的诺伊曼记忆力十分惊人，读书过目成诵，尤其表现出罕见的数学天赋，"数学神童"一直名声在外。

3 岁，他就能记住不少数字。6 岁，他就能心算 8 位数除法。8 岁，他学会了微积分。他对数学的喜爱到了入迷的地步，甚至与小伙伴们一起去玩，也往往演变成对数学原理的争论。11 岁上中学后，老师也对他卓越的数学天赋惊叹不已，向他父亲建议，干脆让小诺伊曼退学回家，聘请大学教授来当家庭教师。17岁时，他与老师合作发表了第一篇数学论文。年轻的诺伊曼不但聪明过人，还富于幽默感，喜欢双关语和俏皮的打油诗。上大学时，父亲要他攻读化学工程，可他已经醉心于数学天地，难以自拔。

第一次世界大战对诺伊曼的冲击很大。他父亲的银行被没收了，全家人逃亡到威尼斯。1921 ~ 1923年期间，诺伊曼虽然被布达佩斯大学录取，却在柏林大学师从数学家斯米特，也常常去听爱因斯坦的讲座。诺伊曼作为全才型的天才，掌握了7种语言，并在最新的数学分支——集合论、泛函分析等理论研究中取得了突破性进展。22岁时，诺伊曼获得瑞士苏黎世联邦工业大学化学工程学位。1926年，他获得布达佩斯大学数学博士学位。此后，他转向物理学，在理论物理领域“风光无限”。风华正茂的诺伊曼成了科学殿堂的文武全才，在数学、应用数学、物理学、博弈论和数值分析等领域都有不凡的建树。

年轻的冯·诺伊曼由于才华出众，在学术界越来越引人注目。他先后游学著名的柏林大学、汉堡大学，任私人教授，并成为德国大数学家大卫·希尔伯特的得意门生。那时的美国与欧洲相比，科学水平较低，亟须引进人才。1930年，美国数学泰斗韦伯伦教授广罗天下英才，邀请他来普林斯顿大学任教，诺伊曼欣然前往。不久，他又被转聘为访问教授。1933 年，普林斯顿大学成立高级研究院，诺伊曼是其中最年轻的教授，爱因斯坦是他的同事。

由于纳粹德国迫害犹太血统的科学家，诺伊曼无法再回德国工作，因此在美国定居，并在 1930 年加入了美国国籍。1938 年 12 月 8 日，他与克拉瑞·唐结婚，克拉瑞后来成为洛杉矶科学实验室的一名程序员。诺伊曼在普林斯顿大学一直工作到 1955 年夏，然后去原子能委员会任职。

第二次世界大战爆发后，他参与了美国一些重大的科研项目，如著名的制造原子弹的“曼哈顿计划”。此外，他还是博弈论的发展人之一。博弈论是为了能在十分复杂的博弈中取胜而制定出战略的一种数学研究，也可以作为经济或军事战略领域的决策方法。诺伊曼曾与经济学家摩根斯坦合著过《博弈论与经济行为》一书，为运筹学领域做出不可磨灭的贡献。

诺伊曼拥有罕见的记忆力。对于曾经读过的书，他能在 10 年之后逐一引用原书的段落和文字。20 世纪 40 年代，他的同事曾想考考他的记忆力，问他《双城记》是如何开头的，诺伊曼不假思索地开始背诵，毫不间断。诺伊曼的天才还表现在他极其透彻的分析能力上，在最短的时间内，透过繁复芜杂的表象，单刀直入，抓住问题的核心和症结。

有一次，一位优秀数学家通宵达旦，伏案完成了一项数学计算，次日见到诺伊曼，提及此事，诺伊曼仰视天花板，静默几分钟后，就得出了一模一样的结论，使所有在场的人大惊失色。诺伊曼擅长抓住理论物理中的一些似乎无关的概念，把它们组成优美简洁的逻辑结构。他还拥有进行各种心算的惊人才能，思维速度极快，几乎在说话者说出头几句话后就能一下子了解对方的最后论点。他的一位同事曾很感慨地说："你看，冯的确不是个凡人。但在同人们长期共同生活之后，他也学会了怎样出色地去模仿世人。"

改变世界的邂逅

1944 年夏天，在美国东部马里兰州阿伯丁火车站站台上，诺伊曼和一位年轻的军官不期而遇，后者是美军军械部弹道实验室的赫尔曼·哥尔斯廷上尉，负责美军枪炮火力表的测试。哥尔斯廷上尉出于对诺伊曼的景仰，上前和他攀谈。数学大师和后起之秀在阿伯丁站台上的谈话非常融洽。当上尉告诉诺伊曼，目前他正从事一项科研，研制一台每秒钟能进行 333 次乘法运算的电子计算机时，诺伊曼顿时萌生兴趣，连连追问。刚才轻松的交谈气氛一扫而空，哥尔斯廷上尉被问得汗流浃背，用他后来的话说，"简直像一场数学博士论文的答辩”。不久，也就是 1944 年 8 月，心有挂念的诺伊曼急匆匆赶往宾夕法尼亚大学的摩尔学院，去看哥尔斯廷上尉所讲的那台机器。

20 世纪 30 年代，电子学的发展和研制穿孔卡片式统计分析机的经验，为创立电子计算机提供了主要的技术前提。第二次世界大战中，宾夕法尼亚大学摩尔学院电子系和阿伯丁弹道研究实验室共同负责为陆军每天提供 6 张火力表。任务艰难而紧迫，因为每张表都要计算几百条弹道，而一个熟练的计算员计算一条飞行时间 60 秒的弹道要花 20 个小时。尽管他们改进了微分分析仪，聘用了 200 多名计算员，一张火力表仍要算两三个月，问题相当严重。

当时，负责该项工作的军方代表正是年轻的哥尔斯廷，他原是一位数学家。他的朋友莫齐利这时正好在摩尔学院电子系任职。1942 年 8 月，莫齐利写出《高速电子管计算机装置的使用》的备忘录，即 ENIAC 的初始方案。思维敏捷的哥尔斯廷马上意识到方案的巨大价值，立即向他的上司汇报，获得支持，成立了研制小组。

小组的成员组成是：负责电子计算机总设计方案的是物理学家莫齐利；芬兰人埃克特担任总工程师，负责解决制造中一系列困难复杂的工程技术问题；年轻的哥尔斯廷不仅在数学上能提出有用的建议，而且是精干的科研管理人才；另外还有年轻的逻辑学家勃克斯。正当研制工作停滞不前、研制者大伤脑筋时，冯·诺伊曼投身到了新型计算机设计的行列中。

埃克特说："冯·诺伊曼是否是真正的天才，从他来以后提的第一个问题就可判断出来。"这年 8 月初，冯·诺伊曼来到摩尔学院，参观了尚未竣工的被称为 ENIAC 的电子计算机，他第一个问题就问起机器的逻辑结构。埃克特心中暗暗佩服："不愧是位天才的科学家，一下子就点到问题的要害！"这以后，冯·诺伊曼就成为摩尔学院的实际顾问。

当时 ENIAC 已研制到一半，正处于在程序存储问题上摇摆不定的紧急关头，天才数学家诺伊曼的出现，一下子改变了当时半梦半醒的局面。而对诺伊曼来说，这次邂逅也打开了他的心结。原来，第二次世界大战爆发后，诺伊曼作为美国政府的高级科学顾问，在最高的科学技术决策层中有很强的影响力。在他参与的"曼哈顿计划"中，原子核裂变的各项数据非常繁杂，如果用人工来计算，即使聪慧如诺伊曼，有 1 000 个也不顶事。而那些半自动和电动的计算机器，也快不了多少。他痛感现在的计算工具速度太慢，使一些重大科研项目的进度受到严重的影响。因此，他一听说弹道实验室有个"PX 计划"，要搞一台每秒能做 333 次乘法运算的电子计算机时，简直喜不自胜。在看过

ENIAC 后的 9 月份，他就成了摩尔学院的常客，与莫齐利和埃克特一同研究问题。

奠定冯·诺伊曼结构

ENIAC 出现的程序存储问题，对于诺伊曼来说，真是“天将降大任于斯人也”！他的天才得到淋漓尽致地发挥。他明确指出：那种半梦半醒的折中方案不可取，要做就做到最好，一定要彻底实现程序由外存储向内存储的转化，所有程序指令必须用内在记忆的方式存储在磁带上，以电子的速度运行，因此必须大刀阔斧修改原有设计。诺伊曼还是财神爷，经费不够时，他有足够的影响力去争取。在诺伊曼的影响下，整个研制工作取得了突破性的进展，军方也信心倍增，一口气追加了 10 万美元的投资。

而诺伊曼自己也倾注了大量的心血，他抛开美国政府高级科学顾问和著名科学家的身份，和大伙一起，一头钻进 ENIAC 研制小组，甚至当他因其他要事无法出席时，也一定会以信函的方式提出自己的意见。在此，诺伊曼提出了一个新的改进方案，一是用二进制代替十进制，进一步提高电子元件的运算速度；二是存储程序，即把程序放在计算机内部的存储器中。后一点，解决了当时计算机内外联系不便的毛病。

此前，曾有过一用计算机就需要数十名精兵强将手忙脚乱地连接各种导线的景象，否则计算机只能干瞪眼不干活。而诺伊曼妙手回春，给原本健忘的计算机开了一剂灵丹妙药。他的改进方案称为EDVAC，是“离散变量自动电子计算机（Electronic Discrete Variable Computer)”的简称。

1945年6月，他将自己的思想撰写成文，题为《关于离散变量自动电子计算机的草案》，长达101页。他在文中提出了在数字计算机内部存储器中存放程序的概念。这是所有现代电子计算机的范式，被称为“冯·诺伊曼结构”，按这一结构建造的电脑称为“存储程序计算机”（Stored Program Computer），又称为“通用计算机”。长达101页的EDVAC方案是计算机发展史上的一个划时代的文献，它向世界宣告：电子计算机时代开始了。而为这个方案做出贡献的天才科学家冯·诺伊曼则被人们誉为“电子计算机之父”。

但这篇文章的出现却使得ENIAC的研制者——埃克特和莫齐利与诺伊曼闹翻了。原来这篇掀起了世界计算机热潮、成为划时代文献的报告，只单独署了诺伊曼的大名。诺伊曼是半道插进来的，却把辛辛苦苦做了一大半研制工作的埃克特和莫齐利抛到了脑后，这不能不让埃克特和莫齐利心存不满。

再说，诺伊曼文章中提出的存储程序，莫齐利和埃克特也早有类似的想法，并在研制中不断地摸索，诺伊曼只是把它深化、概念化、系统化而已。应该说，埃克特和莫齐利是 ENIAC 真正的研制者（这一点举世公认），他俩是第一台电脑的“产妇”，而诺伊曼是第一台电脑的“助产师”。现在，诺伊曼事先不打任何招呼，撇开研制小组的其他所有成员，把研制情况公之于世，好像是他的独创一样。而埃克特和莫齐利由于要遵守美国的有关保密法规，不能发表有关项目的任何内容。诺伊曼却不同，他不算 ENIAC 小组的正式成员，而且身份特殊，既是参与者，同时又是不受保密法限制的旁观者，所以尽可写文章发表。

由于种种原因，诺伊曼的设想没能在 ENIAC 上实现，因为那时 ENIAC 总体设计和主体建造工程已经完成，而直到 1952 年 EDVAC 才姗姗来到人间。早在 3 年前，即 1949 年 5 月 6 日，第一台存储程序的“诺伊曼机器”由英国剑桥大学的莫里斯·威尔克斯研制成功，名为 EDSAC，是机电存储自动电子计算器（Electronic Delay Storage Automatic Calculator）的简称。威尔克斯仅用了一个晚上就将《关于离散变量自动电子计算机的草案》通读，并做了详尽的笔记。仿照诺伊曼提出的 EDVAC，威尔克斯把他设计的机器命名为 EDSAC，表明他的基本设计思想来自诺伊曼。

凭着天才和敏锐，诺伊曼在电脑初创期，高屋建瓴地提出了现代计算机的理论基础，规范了电脑的发展方向。诺伊曼还是一个卓越的科研组织者。当埃克特和莫齐利与摩尔学院分道扬镳后不久，诺伊曼也离开 EDVAC 研制小组，回到普林斯顿高等研究院，在那里研制“高等研究院电脑”，又称 IAS。当时有人对在 20 世纪最伟大的物理学家爱因斯坦所在的圣地兴师动众斥巨资搞电脑很不以为然。但诺伊曼力排众议，认为电脑将会把普林斯顿大学的象牙塔推进一个新时代。当他看到高等研究院里才智不凡的青年人陷于繁复低级的数学运算时，曾痛心疾首地说：“这种浪费才智的行为简直形同犯罪”。

在他牵头下，1946 年 3 月，IAS 开始研制，由普林斯顿大学出实验场地，由美国陆军军械部弹道实验室和国家原子能委员会投资。诺伊曼不存芥蒂，力邀埃克特来当技术总负责，但因埃克特已下决心与莫齐利一同创办公司，诺伊曼退而求其次，请麻省理工学院也曾参与过 ENIAC 研制的朱利安·比格罗前来主持。此时已脱下军装的哥尔斯廷也追随诺伊曼来到普林斯顿大学，做他的副手。

1946 年 6 月，设计方案出来后，诺伊曼把副本送给洛斯·阿拉莫斯实验室、伊利诺伊大学、橡树岭国家实验室、阿贡国家实验室和国防部的思想库兰德公司等著名的科研机构，为日后给这些机构建造用于科学计算的电脑做准备。经过6年的努力，IAS在1952年6月10日正式建成，它只有2300个电子管，长6英尺（1英尺约等于0.304米）、高8英尺、宽2英尺，是同期中外形最小、运算能力最强的计算机。在调试阶段，做过一次著名的试验，24小时连轴转不间断运行60天，对当时氢弹设计中的大量关键数据进行处理，为氢弹的研制立下了汗马功劳。

IAS后来又复制出十几台供上述多家机构使用，这些机构又在IAS的基础上，各自研制出了新型电脑，如ORDVAC、ILLIAC、JOHNNAC、MANIAC和AVIDAC等。其中有一台IAS还漂洋过海，到澳大利亚的悉尼安家落户，名叫SIUIAC。凝聚着诺伊曼心血的IAS简直就像是一只孵了一窝小鸡的母鸡。

电脑与人脑之间

1951年，IBM决定开始开发商用电脑，并聘请诺伊曼担任公司的科学顾问。1952年12月，IBM第一台存储程序计算机研制完成，也就是通常意义上的电脑，起名IBM701。此后，IBM公司承建的“诺克”(NORC，美国海军军械研究计算机的简称）也问世了。诺伊曼参加了典礼，并发表讲话。他说电脑的设计和建造都要考虑需要、造价和商业利润等诸如此类的事，这些事都是很现实的，在99%的情况下都必须遵循时机，只有1%的情况可算作例外。那就是把这些顾虑抛在脑后，用尽全力来研制最高级的电脑，从而臻至一种艺术的状态。诺伊曼提出的“艺术状态的电脑”一直被理解为不惜一切代价造出来的高级电脑，或许诺伊曼也是这个意思。如果他能看到沃兹尼亚克的“苹果Ⅱ型”个人电脑的话，肯定会赞叹不已，也肯定会和设计者结成忘年交。只可惜，早在1957年，这位天才的数学家就去世了，而那时沃兹尼亚克刚刚牙牙学语。

诺伊曼与经济学家摩根斯坦合写过一本名著《博弈论与经济行为》。此书与控制论有许多相通之处，很令人佩服。1943年，他们俩发起一次讨论会，邀请一些数学家、生理学家、心理学家和工程技术专家，在普林斯顿大学讨论各门学科的交叉性问题。

控制论与电脑之间究竟是一种怎样的关系？

从1955年开始，诺伊曼把精力投入到电脑和人脑的结构对比研究上，心理学和生理学非他所长，因而诺伊曼从逻辑和统计学的角度切入。相似方面好说，可以举出一大堆，但关键是相异方面。诺伊曼特别强调，差异不仅存在于尺寸大小、速度等明显之处，而且更深入、更根本的方面表现在功能和控制的原理、总体的组织原理等等；人脑的“逻辑深度”和“算术深度”要比电脑小得多，但同样容积的神经元比电子元件能完成更多的运算，同时处理更多的信息，记忆容量也大得惊人，神经元运算的精度低而综合的可靠性高等。这些观点诺伊曼生前未曾发表，直到 1958 年他去世一年后才以《电脑和人脑》的书名出版。

诺伊曼没有参加 1956 年达特茅斯学院那次精英的聚会，但他开创了人工智能研究中心两大学派之一数学学派，另一学派是心理学派。前者侧重电脑和人脑在解决同一问题时共同的算法，不太关心哪一个更聪明之类的问题；后者则强调人脑比电脑聪明，主张把人脑解决问题的方法变成电脑的程序，即启发式程序，并依靠它来解决问题。如与维纳合作过的罗森布鲁特就很典型，他研制过“类人电脑”，这个“类”字很能说明问题，而心理学派则说“电脑不是人脑”。

自20世纪60年代起，人们从两个大方向开始努力，一是创建新的程序设计语言，即所谓的“非诺伊曼语言”；二是从电脑元件方面，提出了发明与人脑神经网络相类似的新型超大规模集成电路，即“分子芯片”。前者侧重软件，后者侧重硬件。

诺伊曼曾精辟地指出，人类的语言不是数学的语言。明斯基曾自信地说，只要人类拥有一百亿分之一米分辨率的大脑扫描仪，就可以一清二楚地了解神经元。但问题是，即使人类知道了每一个神经元，也并不意味着对整个大脑有透彻的了解。生命是极其复杂的，不可能机械地解释它。

1954年夏天，诺伊曼摔坏了右肩，手术时才发现他已患骨癌。在治疗期间，他依然参加每周三次的原子能委员会会议，甚至在他临终前，美国国防部长和陆、海、空三军参谋长还聚集在他的病榻前开会。在诺伊曼的晚年，有学生问起做事的秘诀时，他只是说："简单。"

正是冯·诺伊曼这些"简单"的工作，开创了人类的电脑时代，并为犹太人开发了又一个新的赚钱领域。

图书在版编目（CIP）数据

修补世界：犹太人创造力的奥妙 / 贺雄飞著. —北京：世界知识出版社，2016.1

（犹太智慧典藏书系）

ISBN 978-7-5012-5135-3

Ⅰ.①修… Ⅱ.①贺… Ⅲ.①犹太人–研究 Ⅳ.①K18

中国版本图书馆CIP数据核字（2015）第320464号

责任编辑	张　萱
责任出版	张　琨
责任校对	赵　玥
书　　名	**修补世界：犹太人创造力的奥妙** Xiubushijie: Youtairen Chuangzaoli de Aomiao
作　　者	贺雄飞
出版发行	世界知识出版社
地址邮编	北京市东城区干面胡同51号（100010）
网　　址	www.ishizhi.cn
电　　话	010–65265923（发行）　010–85119023（邮购）
经　　销	新华书店
印　　刷	北京鑫海达印刷有限公司
开本印张	787×1092毫米　1/32　8⅝印张
字　　数	148千字
版次印次	2016年1月第一版　2016年1月第一次印刷
标准书号	ISBN 978-7-5012-5135-3
定　　价	32.00元